U0689752

徐加胜 著

走出
教育焦虑

从孔夫子
到曾国藩的经典话语

中华书局

图书在版编目(CIP)数据

走出教育焦虑:从孔夫子到曾国藩的经典话语/徐加胜著. —
北京:中华书局,2020.9(2024.11重印)
ISBN 978-7-101-14708-7

Ⅰ.走…　Ⅱ.徐…　Ⅲ.中华文化-教育研究　Ⅳ.K203

中国版本图书馆 CIP 数据核字(2020)第 151047 号

书　　名	走出教育焦虑——从孔夫子到曾国藩的经典话语
著　　者	徐加胜
责任编辑	杨　帆
封面设计	李尘工作室
责任印制	管　斌
出版发行	中华书局
	(北京市丰台区太平桥西里 38 号　100073)
	http://www.zhbc.com.cn
	E-mail:zhbc@zhbc.com.cn
印　　刷	三河市宏达印刷有限公司
版　　次	2020 年 9 月第 1 版
	2024 年 11 月第 2 次印刷
规　　格	开本/710×1000 毫米　1/16
	印张 12　插页 2　字数 120 千字
国际书号	ISBN 978-7-101-14708-7
定　　价	32.00 元

前　言

　　一段时间以来，我和几位年轻同事组织了一个小沙龙，大家一起交流关于教育的问题，用传统文化来分析当前教育领域的一些问题，力图分享解决问题的方法，温故以解忧。

　　所谓"温故"，是指回顾人类历史上有价值的文化资源，"解忧"就是要面对现实，解决问题。在解决问题的过程中，人类社会不断地往前推进，人类自身也在不断地成长。具体到这个小沙龙，"温故以解忧"就是调动我们的传统文化（当然，西方的文化传统同样重要，但这个沙龙首先聚焦的是中国的文化传统）资源，去解释和应对我们当前所遇到的教育问题。

　　有的时候，我们从一个现实的教育问题出发，在研究这个问题的过程当中，会引用一些传统文化的资源；有的时候，我们会直接从传统文化出发，谈一谈某一句经典对教育的启发。不管是从现实问题出发，还是从传统文化出发，目的是一样的，就是通过现实问题与传统文化的碰撞，使问题获得一定程度的解决，让传统文化资源焕发出蓬勃的生命力。

在我的教育职业生涯中，我看到过很多教育的个案，或成功，或失败。对比看来，的确有一些共性的经验可以借鉴，也有一些共性的教训应该吸取。再者，我是两个孩子的父亲，在陪伴孩子成长的过程中，自然也少不了丰富的感受与体会。概括说来，对于教育，我既有旁观者的冷静与洒脱，也有当局者的纠结与无奈。我想，我应该是一个比较合适的分享者。

本书是由我在沙龙上的发言整理而来，大家从中可以看到我们所关注的教育话题，也可以看到我们对这些话题的思考与回应。

不得不说，我所掌握的传统文化资源是很少的，我对传统文化资源的理解是浅薄的，甚至有的地方还是有争议的，但是我在很努力地提供一个思考教育问题的角度：我们应该也可以用自己的文化来解决我们自己的教育问题。我做得并不优秀，但我想，思路应该是对的。

本书每一讲的末尾，都附有一个和本讲内容相关的推荐阅读书单，书单内容由北京四中的刘葵老师、北师大天津生态城附校的范伟玲老师、北京史家胡同小学的张聪老师共同提供，其中有传统文化典籍，也有现当代乃至西方的一些书籍。大家不妨看看，开阔思路的同时，也可避免因为我的浅陋而耽误了大家。

但愿这本书能够给大家一点点启发，这就够了。

序 一

　　教育本来是很寻常的事，过去没有听说教育孩子有什么焦虑，当然孩子在成长过程中会遇到许多问题，父母、老师要帮助解决，但也没有多大焦虑。不知道从哪年开始，父母开始对孩子的教育问题焦虑起来了，而且愈演愈烈。而且焦虑的大多是城市的中产阶级家庭，有知识的父母。这可能是现代化带来的弊端。现代化只讲竞争，不讲合作。过去我们住在一个大杂院，孩子们每天在院子里嬉戏、打闹，共同学习，互相帮助，其乐融融。现在住进高楼大厦，互不相识，孩子没有伙伴；在学校里讲分数、排名次、上辅导班、参加大赛，于是互相竞争起来。分数可能上去了，人际交往的能力却下降了、互相关爱的社会情绪减弱了。这确实值得焦虑。但家长焦虑的却是孩子能不能名列前茅、能不能考上名校。这实在是与教育规律南辕北辙，确实成了教育工作者的焦虑点。因此还是回到教育原点，把立德树人放在首位，培养健全的人格。

我国是历史悠久的文明古国，历史上积累了许多优秀的教育经验，有论述教育的专著，有历代名人的家教家训，有庶民百姓的朴素家风，值得我们继承和发扬。徐加胜校长的《走出教育焦虑——从孔夫子到曾国藩的经典话语》，正是一部用古人智慧来解答现代教育之忧的著作。全书引用从远古《诗经》到孔夫子到历代先贤的经典话语，来解析现代教育之难题。但不是把古书上佶屈聱牙的"先王陈迹"当作教条，而是深入挖掘"其所以迹"的思想精髓，重新唤醒中华文化所具有的"活泼泼"的生命力量，使之成为培育民族新人的丰厚土壤，成为滋养一线教师教育智慧的源头活水。全书讲的解忧，也不是当代父母竞争名校之忧，而是孩子成长中经常遇到的问题。例如如何理解孩子的叛逆、如何引导孩子渡过青春之困、如何处理好亲子关系、如何处理好师生关系等等。文中有故事情节、有古人哲理。全书讲述的是人生故事，而又充满着文化气息，而更重要的是全书充满着对孩子的爱与呵护。

我国改革开放40年来教育取得伟大的成绩，这是大家有目共睹的。但问题也不少。今天还是有相当部分父母和教师为了升学竞争，把学生当作学习的机器，甚至考试的机器，片面地强调知识的传授、技能的训练，忽视了一个人综合素质——尤其是道德品质的培养。

这正是今天我们教育工作者所担忧的，也正是徐加胜校长所担忧的。于是他采用沙龙的形式，与家长、与教师谈天说地、借古喻今，运用中华智慧来讨论现代教育之困。目的是更好地培育全面发展的现代人。

全面引用了大量古典诗词、名句名篇，谈的又是现实问题，有故事有情节。读起来既亲切，又有文化韵味。足见作者不仅对现实问题的深透理解，而且文化底蕴深厚。

作者要我作序，我可没有作者那样博览群书，能引经注典，只能就事论事，谈点自己的感想。是为序。

北师大教授

2019 年元月 3 日

序 二

初识加胜，是在 2013 年的春天。

由于教育改革的需要，也因为名校的责任，北京四中要在丰台方庄地区建立分校。为此事宜，我受邀来到四中高中部参加准备会议。那天，四中党委书记指着会场中正在阅判高三练习的年轻教师对我说："这位就是四中派往分校的负责人"。听到介绍的年轻人，立刻放下试卷，站起来微笑着说："您好！我叫徐加胜，今后我将和您一起工作，请您多指导！" 他的谦逊有礼给我留下了很好的第一印象。

之后，招聘、面试、选拔、培训教师的工作及建立学校的初期工作相继展开。随着接触的增多，加胜的学识、才华、性格、人品，也逐渐地被我所认识。他的满腔热情和教育情怀也不断地感染着我，共同的理想、共同的追求跨越了年龄的代沟，让加胜成为了我“第二次教育生涯”的第一个璞瑅小友。

加胜的才华与底蕴，充分彰显在学校景观的设计之中。

亭台轩榭的惬意，藤蔓世界的悠闲，如鸣珮环的流水，百年老船木的积淀……还有那寓意深刻的展板，让人心胸开阔的阅读空间，浓缩了四中厚重校史的浮雕，被学生们无比喜爱的“璞瑅币”“魔法世界”“五味书轩”…… 校园中的每一处转角，呈现着以他为代表的教师团队奋斗的印迹；每一个物件，也都成为了学校“化璞为瑅”的载体。

加胜的慎思与明辨，深刻蕴含在他勤勉认真的笔耕之处。

从建校之初撰写《徽章释文》，到解读《我眼中的四中精神》，从引古论今的《鉴古悟师道》，到今日所见的这本《走出教育焦虑——从孔夫子到曾国藩的经典话语》，字里行间凝聚着他的心得与智慧，点滴之处也让我见证了璞瑅小友的成长与成熟。

如果说，当初的相遇，给予了我们一同开拓教育疆土、实现教育理想的机会；那么，五年中的携手，也让我们从“原汁原味”继承开始，循着“同构同质”的目标，走出了一条“特立独行”的创新之路。

如今，虽然加胜已投身到更为广阔的教育领域，但璞瑅五载，他的情怀、格局与气质，使得四中精神生生不息；研讨沙龙，他的理念、思维与睿智，引领青年教师反思成长；人生对话，他的分享、深度与广度，启迪学生们不断超越自我。

这次，能有机会先行阅读此书，心中无比温暖。书中大部分内容，我都非常熟悉。因为，璞琨小友或于交流之前或于探讨之后，都会与我认真分享。所以，读到书中文字，眼前总是浮现出这样的情景：我们相对而坐，小友说我在听。老与少的交流碰撞，定格出一幅温馨幸福的画面。

此书记录了璞琨小友带领青年教师立足学生、思考教育、研究规律、努力探索的心路历程。相信真实而生动的案例定会给你启发，真诚而宽容的胸怀也会温暖你我！其实，教育就是这样的一种美好存在。愿这份美好，能不断地润泽我们的校园，进而影响这个世界。

夏洁

2019 年 1 月于北京

（备注：夏洁，原北京一六一中学副校长、北京四中璞琨学校校长）

目 录
contents
//////////////////////////

后记

附录

第一讲

争当优秀家长，你责无旁贷

中国家长重视教育，但对子女的未来，中国家长并不乐观，反而充满焦虑。

我和很多只有一个孩子的家长朋友沟通过，建议他们可以再要一个孩子，但很多朋友马上就否定了我的建议，理由很简单："这一个我都搞不定，再生一个我还活不活？"很多家长朋友认为自己"不够专业"，无法教育孩子。

有人戏言：陪孩子写作业是21世纪"新十大酷刑"之一。家长的无助与痛苦可见一斑。

那么，中国古人对家庭教育持有一种怎样的态度呢？《三字经》有云：

昔孟母，择邻处，子不学，断机杼。

窦燕山，有义方，教五子，名俱扬。

养不教，父之过，教不严，师之惰。

文字简易，但传递了两个很重要的信息：第一，教育孩子，家长责无旁贷；第二，称职的家长有能力寻求好的教育方法将孩子培养成才，比如孟母和窦燕山，父母都有这个潜能。

责任在肩，不容推卸，唯有潜心探索，寻求育子之道。

1. 有爱就有办法

　　教育是一个系统工程，学生健康成长需要学校教育、家庭教育、社会教育形成合力，其中家庭教育尤为重要。在现实的教育实践中，有很多家长对家庭教育很重视，也很热情，但缺乏理性思考，遇到具体问题便焦头烂额，充满无力感。在指导家庭教育方面，教育界很多同仁也有困惑，他们都能够发现家庭教育中的一些问题，但是如何有针对性地进行指导，却也不是十分明确。

　　很多家长在学校与家庭之间做了一个隐形的分工：家庭负责孩子的生活所需，而教育则更多地依靠学校和老师。这是一个非常错误的观念。

　　教育的结果对家庭的影响是最大的，孩子成长得顺利与否关乎整个家庭的幸福。对于一个班主任来讲，如果这个班有三十名学生，那么班主任对每个学生都只能倾注三十分之一的心血。但是对于家庭来说，这个孩子就会让家长倾注全部心血。当孩子的教育出现重大偏差的时候，难过与绝望会是家长最强烈的感受。至于追究责任，那只能是第二位的，因为真到了那一步，责任在谁已经不是最重要的了。

在中国文化传统中，一个孩子的成长，不仅仅是个体生命的成长，这背后还有很多独特而重要的意义，比如孩子是父母血脉的延续，承担着一个家族的使命等等。亲子关系是中国人最基本的人伦。对于中国人而言，这种人伦甚至具有信仰的意味。**家长朋友们应该意识到一个简单的事实，教育孩子首先是自己的事，天助自助者，如果自己都没有全力以赴，我们又怎么能要求其他人去全力以赴呢？**

在所有的教育形式中，家庭教育对孩子的影响最大。

家庭教育是教育的起点。一般来说，父母陪伴孩子的时间最长，情感浓度最强，力量最大，家庭奠定了孩子的生命底色。从我的经验来看，学校教育所能起到的作用，更多是类似于一种速度的控制。至于方向，学校确实比较乏力，孩子的成长方向更多是由其原生家庭决定的。学校可以让优秀的孩子加速成长，变得更优秀；对于一些存在问题的学生，学校也可以通过教育来抑制学生这种错误的倾向，减缓下滑的速度。学校彻底改变一个孩子的案例，不是没有，但是这样的案例所占的比重较小。

我想，所有的家长都应该意识到自己的重要性，要尝试着去做一名好的教育者。在我和家长朋友的交流过程中表达类似观点的时候，有的家长点头称是，就不再说什么。但有的家长朋友马上就会有下面一番回应："老师您是专业的，但我们不懂，我们有心无力。我们为什么要送孩子去课外机构补习？就是因为我们不懂，教不了孩子，我们为什么会依赖老师？那是因为我们真的不知道该怎样教育。"

殊不知，学习知识并不是教育的全部，甚至也不是教育中最重要的部分。再者，父母天然就拥有教育者的本能与天赋。**家长可以成为一名老师，甚至可以通过学习成为一名很好的教育者。对于这一点，很多家长并没有意识到。**

儒家经典《大学》中有一句话："心诚求之，虽不中，不远矣。未有学养子而后嫁者也。"意思是说，如果你诚心想做一件事情，虽然未必能够完全达到目的，但是也一定不会离目标很远。就如同天下的母亲，她们初为人母时都是没有经验的，但是她们都会将孩子照顾得不错，那是因为她们心中有着浓烈的爱，有爱就会有办法。

2. 表率意识

我们很多家长对孩子的爱是炽热的，为孩子付出了很多，对孩子的照顾也是无微不至，他们具备成为优秀家长的潜质，因为他们有爱，爱是世界上最珍贵的资源。不过，他们距离优秀家长还差着小小的一步，但可能就是这小小的一步，让他们永远无法成为一名优秀的家长。这一小步就是：**我们在爱孩子的同时，需要具备教育者的角色意识。**

我们很多家长缺少教育者的角色意识，从而也就缺少对教育问题的思考，只是简单而炽热地爱着，或许也恰恰因为爱得炽热，所以很难跳脱出来，冷静地思考问题，正所谓关心则乱。**但是教育的核心是爱和智慧的融合，是以炽热为底色的清冷，仅仅有爱终究是不够的。**

一旦家长有了教育者的角色意识，有了跳脱出来反思的平和与冷静，家庭教育就会变得简单而轻松起来：因为家长面对孩子会有**表率意识。教育的本质是模仿**，而父母和老师又是孩子最容易模仿的对象。因此，一个自然而然的结论就是：家庭教育中最重要的就是身教。

《论语·子路》中有云："其身正，不令而行；其身不正，虽令不从。"意思是说：如果为人师长者立身端正，那么不需要刻意要求晚辈、弟子和下属，他们也会行为端正；如果师长本身不正，即使刻意要求晚辈弟子等行为端正，也很难有好的效果。

家庭教育最大的特点就是建立在朝夕相处基础上的模仿与被模仿。孩子就是照着父母的样子学做人，如果模板出了问题，那么后续的混乱就是自然而然的事了。比如说，我们父母都希望孩子热爱学习，勤奋上进，学业成绩好，但是我们需要反躬自省，自己做得又如何呢？如果在晚饭后孩子写作业的时候，父母能拿一本书，可以是专业的"高大上"的，也可以是一本简单的杂志，陪伴在孩子身边阅读；在和孩子散步的时候，可以随意地谈起最近自己读到的一本书，或者是对某件事的思考。很自然地，孩子也会慢慢地被书香与智慧浸润。这其中问题的关键并不在于家长文化水平的高低，而在于对文明和智慧的一种态度。

我们常常看到很多古代的对联与匾额散落在乡村里：诗书继世，忠厚传家；修身如执玉，积德胜遗金；晴耕雨读等等。这些对联与匾额的背后是中国人的价值判断。这些文明理念通过外在形式弥漫在整个乡土之中，滋养并培育着一代又一代的中国人。

在今日之中国，很多美好的传统出现了断裂与遗失，所以家庭氛围就显得尤为重要。如果父母不能用自己的表现来营造出一个合宜的文化氛围，教育就会很费力，效率低下，而且缺少一种润物无声、生机盎然的美。教育本来就应该是美的，是自然而流畅的。

在从事教育的过程中，我见识过一些"真实的荒谬"。比如有学生容易冲动，爱说脏话，屡教不改，于是我们和家长谈话，希望家校双方能够形成合力，改变孩子的行为方式。有一次，我们几位老师和家长、孩子三方坐在一起谈孩子说脏话的问题，妈妈很生气，觉得孩子很过分，脱口而出："你他妈的哪来的那么多脏话？！"话音落下，我们所有人面面相觑，空气好像凝固了……

《论语·颜渊》中还有一句话："君子之德风，小人之德草。草上之风，必偃。"这里的"君子"和"小人"，并非是指从道德角度区分的好人和坏人，而是指从地位上区分的管理者和被管理者。

这句话是有特定背景的，当时鲁国的权臣季康子与孔子讨论为政之道。季康子主张杀掉那些无道之人来维护社会秩序，孔子不赞同季康子的做法，他认为，统治者的德行就好像风，老百姓的德行就好像草，风朝哪个方向吹，草就会朝哪个方向倒。社会道德的败坏往往是从统治者开始的，因此，面对社会的混乱，统治者要反省自身的问题，不能简单地以暴治国。

当然，从政治角度，孔子的观点可以再具体问题具体分析，或许尚有可商榷之处。但是在家庭教育领域，孔子的这一思路则很值得借鉴，为人师长者在面对子女和学生的错误时，一定要反躬自省，是否因为自己的过失才导致了相关问题的发生。

一个国家、一个单位的风气是由管理者来决定的，而家庭的氛围和风气，则是由父母决定的。父母想培养什么样的孩子，就要做出相应的表率，营造相应的氛围，这是一个最简单的互动关系。

概括来说，一旦家长有了教育者的角色意识，就会有表率意识，一旦有了表率意识，好的教育就会成为可能。

3. 情绪控制

    当家长有了教育者的角色意识以后，他们便会试着去控制自己的情绪。因为教育者的使命是教育孩子，而不是肆意发泄自己的情绪。在现实中当某些事件发生的时候，我们容易被情绪左右而忽视了事件本身的来龙去脉及其教育意义。在那一刻，我们只是普通的人，而并没有教育者的身份自觉。

    《中庸》有云："喜怒哀乐之未发，谓之中；发而皆中节，谓之和。"这也就是中国人常说的"中和"。大意是说：我们的心原本就是一个很光明的本体，拥有上天赋予我们的清明的理性，像一面明亮的镜子，能够不偏不倚地映射出事物本来的面目。当外部事情来临的时候，我们的心也自然会产生喜怒哀乐等多元的情绪。但是所有的情绪都应该有分寸和限度，过了就会生出很多事端，就不符合"和"的标准。

    孔子最好的学生颜回，在中国历史上被称为"复圣"。孔子对他有过六个字的评价：不迁怒，不贰过。看似简单，但这六字背后的境界相当之高。"不贰过"即同样的错误不犯两次，这需要极强的反省能力和自律意识，自然很难；"不迁怒"即就事论事，不胡乱发泄情绪，始终抱着一种解决眼前问题的清醒意识，这也很难。

作为一个教育者，遇到意料之外的事情，首先应该把这些事看作一个教育的契机，而不是一个情绪发泄的引子和由头。然后再去思考这件事情的教育意义并做出合理的教育举措。

比如，我们送孩子上学，路上去吃早饭，时间很紧。这时候孩子端着豆浆不小心洒了，衣服湿了。本来就赶时间，现在情况就更糟糕了。很多家长的第一反应就是恼火，然后训斥孩子一顿：你怎么回事？那么不小心，你眼睛看哪儿呢？！

其实这些常态的反应就属于情绪的发泄，而非解决问题。如果家长有教育者的角色意识，就会明白我们此时应该怎么做：

首先，我们要心平气和地分析问题，并做出相对合理的选择。如果回家换衣服，可能就会迟到，需要和老师道歉并解释；如果按时到校，那就需要承受湿衣服带给自己的不适。这个选择可以由孩子来做，不管选择哪种方式，承担相应的后果就好了。

再者，我们需要意识到，这是教孩子学会从容、淡定的一个好时机。我们都希望孩子遇事能够淡定，不慌张，不焦躁，特别从容地解决问题，但是如果我们成年人因为一碗豆浆就方寸大乱，又如何能够引领我们的孩子呢？所以，我们需要告诉自己：深呼吸，放平静，我的表现会成为孩子模仿的对象。我要淡定，要心平气和地和孩子说话，解决后续的问题。如果我们能够做到，孩子自然也就慢慢学会了处乱不惊，淡定从容，因为他们有很棒的父母。

当然，控制情绪不是一件很容易的事情。我们需要一种教育者的理性，得有一种跳出来的意识，不能被裹挟在这个事件当中。"不识庐山真面目，只缘身在此山中"，我们要学会冷眼旁观，虽然这很难，但是为了孩子，我们需要努力。

和大家分享一个民间故事，从中我们可以看到控制情绪之难。

传说苏东坡和佛印禅师是好朋友，也是暗地里"较劲"的对手。一日，苏东坡参禅写诗，其中有一句："八风吹不动，端坐紫金莲。""八风"是佛教用语，比喻各种各样的外在困扰。他觉得写得不错，很得意，于是差小童子将诗送给住在江对面的佛印。佛印一看，写了两个字——"放屁"，然后送回来。苏轼看后大怒，立马跑去找佛印。佛印没有见他，只是让徒弟拿了一张纸出来，上面同样有诗一句："八风吹不动，一屁过江来。"东坡看后哭笑不得，他知道又被老朋友和老对手涮了一把。

即便是苏轼这样厉害的人物，也难以真正控制好自己的情绪，所以我们这些普通人就更加需要注意了。

关于家长的情绪控制，还有一个观点值得和大家分享。在工作中，经常会遇到这样的案例：很多家长在事业上很成功，沉稳有度，唯独在面对自己孩子的时候，情绪控制得非常不好，这让他们很有挫败感。有时他们会唉声叹气："我这辈子就没这么失败过。"沮丧之情溢于言表。他们每个人都会觉得自己很失败，其实他们没有意识到，大多数的家长在面对孩子的时候都会有类似的体验。原因很简单，孩子太重要。**当家长情感分外强烈的时候，理性通常是在往后退的。爱之深，责之切**，情绪的控制也就没有那么容易了。事情发生在别人身上，我们去劝慰总是很容易，可一旦事情发生在自己身上，那些劝慰别人的话就没有什么作用了。所以，在家庭教育中，父母就需要更加有意识地控制好自己的情感强度，保持一点冷眼旁观的意识，才能有更好的教育效果。

当孩子摔倒了，哇哇大哭，有的家长立马冲过去将孩子扶起来好生安慰，甚至会在安慰孩子的同时去责备绊倒孩子的石头，去敲打磕到孩子的桌角等等。作为血脉相连的亲人，这样的做法来自于一种原始冲动，是一种直觉，或许无可厚非。但是作为教育者，这种做法就非常不合适了。孩子摔倒了，如果没有什么大的问题，还是要鼓励孩子自己爬起来，这样会让孩子形成一个正向的心理暗示：

我自己能够解决问题，克服困难，而不是在父母长辈的呵护中变得越来越柔弱。再者，我们还要温和地和孩子交流摔倒的原因，避免以后再次摔倒。而那种批评石头和桌角的行为是最要不得的，因为这样会让孩子形成一种思维模式：我永远没有问题，有问题的都是外部环境。这样的孩子会缺少自我反思的意识，喜欢推脱责任。在离开家庭后他们容易受挫，而且不太容易被身边的人接受。更可怕的是，此时他们往往不会意识到自身有问题，反而觉得身边的人太苛刻，甚至是针对自己。毫无疑问，这样的家庭教育就是不成功的。

所以，我们家长一定要明白，正是因为爱得深沉，我们才更需要冷静地反思，因为通过教育让孩子拥有更好的未来，才是我们最重要的使命。

4. 将心比心

　　家长们要自信，因为我们一旦拥有了教育者的意识，我们就会有表率意识，就不会单纯地用本能的情绪来面对眼前的人和事，而是会带着教育者的身份自觉，运用教育智慧去寻找教育契机，从而让孩子变得更好。

　　但有的家长朋友会说："有了教育者的角色意识还是不够，我们依然缺少处理具体问题的经验，因此在家庭教育中还是会有明显的无力感。"其实有这样困惑的家长没有意识到一个问题，那就是每个人都拥有教育的经验与智慧，只是我们很多人没有意识到而已。

　　教育其实并不复杂，也不神秘。**教育就是一种陪伴，师长陪着孩子一起生活，传递一些做人做事的道理，直到孩子们长大成人，独立地登上历史舞台，一代又一代，如此而已。**

　　教育中最重要的是彼此了解，尤其是师长对孩子的了解。很多家长都表示不了解自己的孩子，很是无奈。但是他们忽视了一个事实：

我们所有的师长都曾经是孩子，我们自己的人生经历就是我们可以依仗的教育资源。

《诗经》中有句诗："伐柯伐柯，其则不远。"意思是说：我们拎着斧子到树林中去砍一根木头，当斧子把用。我们不需要单独带一个尺寸的标识，因为斧子把就在我们的斧子上。如果用这句话来比喻我们的家庭教育，那就是说，我们在教育孩子的时候，不需要向外部去寻找一个法则或尺度，因为那个法则和尺度就在我们自己的经验里。

《西游记》中有一回，孙悟空跟唐僧说："佛在灵山莫远求，灵山只在汝心头。人人有座灵山塔，好向灵山塔下修。"其实佛就在我们的心里。我们处理很多问题的准则，并不是从外部学来的。作为一个教育者，教育准则的确立，更多依靠的不是对外部的学习，而是依赖于我们对内的反省。我们应该对自身的成长经历做一个真诚的反思，然后把反思到的东西用在当下的教育中。

如果每一个家长在碰到具体问题的时候，能够回忆自己当初作为孩子碰到类似问题时的情形，把当时的一些感受调动起来，将心比心，解决问题就没那么难了。

中国文化传统很重视同理心。《论语》中孔子对弟子子贡说过两句话:"己所不欲，勿施于人"，"己欲立而立人，己欲达而达人"。

这两句话从不同的角度表达了同一个道理，那就是要将心比心：如果一件事让你很不舒服，那么你也不要对别人做这件事；如果你希望自己的人生成功通达，那么别人通常也有这样的渴望，所以如有可能，你就要试着帮助别人成功通达。

《孟子·梁惠王》有云："老吾老，以及人之老；幼吾幼，以及人之幼。"一种道德之所以能够推广，就是因为同理心。我们爱自己的孩子，那么也自然能够理解别人爱孩子的心，我们希望这个社会都能够对我们的孩子保持善意，那么我们就要关心别人的孩子。

将心比心在家庭教育中尤为重要，这是一种情感，也是一种智慧。因为将心比心，我们会更加在乎孩子的感受；因为将心比心，我们会相对准确地了解孩子的感受，从而更好地处理一些相应的问题。

比如说，我们现在很多家长特别害怕孩子出现所谓的"早恋"问题。但是我们回想一下自己的经历，即使在遥远的昨日，信息的不发达好像也没有影响到我们那一代人的情感萌动吧。我们也写过小纸条，也有过惊心动魄的一瞥，那种感情是多么纯洁，多么美好。

回忆过往，今天的我们在处理孩子青春期的情感问题时，就会多些平静，多些理解，我们后续的建议和引导就容易被孩子接受。教育者有了真诚的反思，教育就成功了大半。

有一个问题值得提及，在亲子关系中，我们要求父母将心比心是理所当然的，但是我们要求孩子将心比心就未必能够如愿。因为家长容易理解孩子，但是孩子却不容易理解家长。我们和孩子有年龄差距，**我们曾经是孩子，我们可以调动经历，但是孩子却不曾是我们，很多对于我们来说属于回忆的事情对于孩子来说却属于未知。**所以，我们别无选择，只能真诚地去反思自己的人生经历，然后更好地理解孩子，成就温暖而高效的家庭教育。

虽然岁月变迁，但人心还是会有相似甚至相同之处，尤其在某个特定的角色上。一个孩子的角色，会有相对稳定的情感基调，这种基调与外在的社会发展状况并没有太大的关系，他们渴望自己的独立生命意志能够被尊重。而家长则似乎永远带有惯性地压抑着孩子的感受，喜欢把自己的意志强加在孩子身上。于是，这就形成了一个历史的循环怪圈"多年的媳妇熬成婆"。当初被压抑的，长大后开始压抑别人。这种庸俗的惯性是需要我们去反思并打破的。其实，**教育没有那么复杂，教育孩子最需要的并不是知识，而是父母的人生阅历以及建立在阅历基础上的同理心。拥有一颗善于体会子女感受的心，是家庭教育成功的基础。**

总之，家长要意识到自己的重要性，因为家庭教育是孩子的生命底色。《论语》中孔子和学生子夏在讨论礼的问题的时候说过一句话："绘事后素。"本意是说：画画要在白绢上画，如果画布都不干净，那么画就很难有好的效果了。这句话可以引申出很多含义，比如说，外在的礼仪修养要建立在一个人仁爱的本质之上才有意义。如果将这句话放在我们讨论的这个语境里，或许启发就在于：家庭教育就是那块画布，如果画布出了问题，画出一幅好的作品就很难了。

所以说家长要把自己当成一个最重要的教育力量，要意识到自己是一个能够对孩子产生深远影响的教育者，而不能把自己简单看成一个衣食等物质条件的提供者。

现实中，很多家长朋友往往意识不到自己拥有这个能力，所以家庭教育就会产生一些问题。一旦我们意识到了自己的能力，并且随时能以一个教育者的身份自省、思考，对孩子的教育就会慢慢好起来。还是那句话，教育是一件自然而简单的事情。

5. 因材施教

　　我曾经说：父母对孩子要充满包容，要温和，孩子在安全的环境中才能学会爱，学会平和。但有的时候，我也说：我们需要让孩子了解现实世界的残酷，不能够让他们活在一个不真实的环境中，否则，他们将来会很难适应真实的社会。

　　这两种观点似乎有一些对立，这样的情况肯定还有很多，比如说，我们现在反对给学生过重的课业负担，但另一个方面，中国文化传统教育我们"宝剑锋从磨砺出，梅花香自苦寒来"。那么我们到底应该坚持怎样的教育原则呢？这是很多年轻的教育同行和家长朋友共同的困惑。面对这一困惑，我的回答通常是八个字：顺其自然，因材施教。

　　《道德经》中有这样一句话："天地不仁，以万物为刍狗；圣人不仁，以百姓为刍狗。"

　　天地对世间万物没有什么偏爱，一切都如同祭祀时那些用草制成的祭品，祭祀时，那些祭品摆在祭台上，神圣而庄严，当祭祀结束，那些祭品也就回归了它本来的样子，可能只是很随意地摆放在那里。所以说，一切都要视具体情况而定。圣人在管理百姓的时候，思路也是如此。

再说开来，天地对万物是一种很平和的心态，既不会刻意抬高，也不会刻意贬低，一切都是最自然真实的状态。圣人对百姓也一样，没有多余的爱，也没有多余的憎恶，一切顺其自然。这个思路与儒家有些不同，儒家讲究"仁"，"仁"是一种爱，建立在血缘的基础上，有顺序，有轻重，这份人类共有的情感是社会秩序安排的起点。儒家总是在构建一种秩序，然而却不是所有的秩序构建都与自然情况相吻合，于是，儒家经常会成为道家批判的对象。

道家认为这个社会的混乱恰恰是因为人们过多强调自己的主观意志，不尊重自然造成的。当人太过于自我的时候，个人的意志就会和这个客观世界产生交锋与碰撞，最后好心做坏事，把这个世界搞得一团糟。所以，道家讲究无为，提倡不言之教。

这个"无为"和"不言"并不是指不说话，不做事情，而是在强调，我们不要用自己的主观意志去代替原本就客观存在的那个现实。说话也好，做事也罢，不能仅从自己炽热的情感和主观感受出发去做我们认为对的事情，去说我们认为对的话，而是要尊重规律，尊重自然。所谓自然，就是事物自己的样子，事物本来的样子。所以说，"无为"与"不言"只是在强调我们不要做那些违背自然违背规律的事情，不要说那些过于主观的话。

顺其自然是道家一个基本的方法论。顺其自然就意味着我们首先要学会观察，只有通过观察了解自然，然后才谈得上尊重自然。**具体到教育上，最关键的有两点：第一，我们要了解教育对象；第二，我们要了解教育对象在未来所要生活的那个时代及外部环境。**因为这一切都是不以你我的意志为转移的，教育的前提就是这样一些基本的了解，我们不能脱离这些信息来从事教育。对于这些方面，我们了解得越透彻，就越聪明，越有大智慧，我们才有可能施加合理的教育行为。教育中最可怕的是什么呢？那就是过于主观。

《道德经》中还有一句话："圣人无常心，以百姓心为心。"大意是说，圣人并没有自己固执的生命意志，他是要以百姓的想法作为自己的想法，作为自己思考问题的起点。作为管理者，心要虚，只有虚心才能接纳事物，容纳观点。如果管理者用自己的心代替了万物的心，那么这个世界就混乱了。

《庄子》里有这样一个寓言故事：鲁侯喜欢海鸟，他就将海鸟养在最神圣的宗庙里，给它听最美的音乐，给它美酒佳肴。这海鸟吓得不吃不喝，没过几天，就饿死了。鲁侯很爱海鸟，但是他爱的方式并没有尊重鸟自身的特点，结果就会事与愿违。

古人云："世间人，法无定法，然后知非法法也。"意思是说，人们总是想找出一个稳定的法则，到最后才发现，没有固定的法则就是世间最大的法则。在一个变幻多端、不停流转的世界中，保持虚心与沉静是无比重要的事。

作为老师，我们都希望学生成功幸福，于是总是想着能否找出一条具有普适性的培养学生的路径。随着教育经历的丰富，学生也见得多了，我才发现没有什么普适性的路径可循，没有一个统一的永恒的真理，所有的逻辑都只能是一种参考与借鉴，而不能成为唯一的标准。**我们教育学生，都是要以学生的自然状态作为前提，要随机应变，顺其自然，因材施教，不要试图用一个教育方案解决所有的教育问题，这是不可能的，而且这种思路是很危险的。**

我经常跟同事交流，教育学生要温和，要包容，这当然没错。但是面对有些学生，这种思路可能就行不通。举一个例子，电视剧《大宅门》里面的主人公白景琦小的时候顽劣不堪，很霸道，但是也很硬气。剧中有这样一个细节：

冬日，白家的一些子弟围着火炉烤火，白景琦拿着火钳子一不小心碰了一个小伙伴的手，把他烫哭了。景琦嘲笑他，那个小伙伴辩解说太烫了，太疼了。景琦拿火钳夹了一块炭放在自己的手心，伴随着皮肤滋啦滋啦地响，景琦质问那个孩子：我哭了吗？我哭了吗？！

教育这样的孩子会是一个巨大的挑战，寻常路径很难奏效。而且，这样的孩子能够教育好是个人才，教育不好就是个魔王。的确，一般的老师是无能为力的，剧中的白景琦也吓跑了很多老师，直到他碰上了季宗布先生，才算是真正改邪归正了。季先生用了怎样的招数呢？——强势。力量的强势和知识的强势，彻底制服了这个混世魔王。

有很多孩子，天生如同烈马，我们无法制服，就会被他们伤害。他们就是一个弱肉强食的思维方式，和他们单纯讲道理，没用。但是一旦制服了他们，事情就变得简单了，怎么都行。当然制服他们并不是一件很容易的事，当代的教育环境给了教师很多规范，也不是所有的招都能用的，但作为家长，可以用的招就多些了。

所以说，面对一个纷繁芜杂的世界，我们不能用一个所谓稳定的、特别强烈的主观意愿去做事。我们带着自己特别鲜明的情感，去面对一个多元的世界，那很有可能是会碰壁的。我们不能认为自己就是对的，谁也没有这个权力。大自然有其本来的面目，我们不能够把人为的情感刻意附加在上面。我们的小情感、小智慧，不能和宇宙造化的大智慧抗衡，我们只有了解并尊重它，因为我们根本就改变不了它。其实孩子何尝不是一个小宇宙，我们能改造他们什么呀，所谓能改造的只不过是他们自己愿意接受的而已。

所以，教育只能因材施教，有的时候教育路径可能完全相反，但是教育效果却是一样的，殊途同归。

孔子拥有极高的教育智慧，他深谙因材施教这一原则。所以《论语》中才会经常出现这种情况，不同的学生问孔子同样的问题，孔子的回答却因人而异，各不相同。

孟武伯问孝。子曰："父母唯其疾之忧。"

孟武伯是一个脾气很冲、经常给父母惹麻烦的孩子。他问孔子什么是孝顺，孔子的回答很简单：父母只担心你生病的事，生病是天灾没办法，但不要让父母因为你生病之外的事担心，这就是你的孝顺。

其实对很多孟武伯这样的孩子来说，孝顺很简单，就是你出门，父母能放心睡好觉就不错。

子游问孝。子曰："今之孝者，是谓能养。至于犬马，皆能有养，不敬，何以别乎？"

子游问孔子什么是孝顺。孔子说："今天大家所说的孝顺，就是指衣食层面的奉养，如果仅仅是这些，没有尊敬的态度，那么养活父母和饲养犬马有什么不同呢？"

子夏问孝。子曰："色难。有事，弟子服其劳；有酒食，先生馔，曾是以为孝乎？"

学生子夏问孔子什么是孝顺。孔子的答案又不一样了："孝顺的关键在于你面对父母时的脸色表情够不够柔和与恭顺。有了好吃的让父母吃，有了事情帮父母做，你以为这就是孝顺了吗？"

或许子夏是一个容易在父母面前哭丧着脸的孩子吧，因为孔子的回答都只是指向了一个特定的维度，这些维度的共性在于指向了提问者的行为之偏。

所以教育取得良好效果的关键在于我们是否能够了解我们的教育对象并因材施教。

6. 尊重生命意志

　　我们在教育中很重视规矩培养，但我们发现，孩子小的时候所养成的很多规矩随着他们慢慢长大却开始丢失了。这是一个很值得我们思考的问题：孩子本来是懂规矩的呀，为什么随着年龄的增长，规矩却没了呢？也有一些学者对我们的教育提出了一些质疑，甚至有这样的说法：小学的虚假道德、中学的空洞理想、大学的无趣审美——形成一条严格运行的生产流水线。

　　这说明我们的教育还是出现了一些问题：我们培养的习惯和规矩并没有内化为孩子生命气质的一部分，我们传递的道德理念并没有成为学生一生中不言而明的价值规则，也就是说，**我们看到的学生的规矩与道德有很多只是一种假象**。往残忍里说，甚至只是一种表演，缺少内心的真诚与敬畏。他们的表现只是因为有外在的监督，或者是为了迎合某种外在的评价标准从而获得一些利益。当有一天，外在监督变得无力甚至消失了，外在的评价机制也开始弱化，他们对规矩和道德的放弃就变成了一件自然而然的事情。

这种教育现象的本质就是缺少对孩子本身生命意志的尊重，无视孩子活泼的生命意志，只是把他们当成机器或者容器。在我们操作机器的时候，它运转得还算顺利，但当我们不再操作机器的时候，那就是一堆冷冰冰的材料而已。

教育是必须的，规矩的养成也是必要的，这些都没有问题，问题在于我们的规矩养成是否尊重孩子的身心发育特点。忽略孩子感受的规矩养成是存在问题的：首先，这个规矩是否能够真正养成？再者，就算规矩养成了，这个过程对孩子生命意志的伤害可能也是一个潜在的负面因素。两相比较，利弊权衡，结果如何还很难说。

在规矩养成的过程中，要循序渐进，要尊重孩子的生命意志，从某个角度来看，活泼的生命意志是更高的价值。

很多教育者的问题在于将自己的生命意志强加给孩子。在教育者力量强大的时候，孩子们无力反抗，最后他们接受了，但是这种接受其实是一种屈服，并不是心悦诚服。这不像是一个教育的过程，而更像是一个控制与被控制的过程，当控制者的力量一旦减弱或者消失，被控制者肯定是要反弹的。这种反弹会让教育者很难应对。或许，孩子们的反抗还不是最坏的结果，因为那说明至少他们还有自己的生命意志。当有一天，孩子连反抗都没有了的时候，事情才真的糟了，哀莫大于心死啊。

面对一个鲜活的生命，我们开展教育，我们去了解我们的教育对象，设计合理的教育手段。最终，孩子试着理解我们的教育内容，慢慢地接受并内化，这是一个理想的教育过程。

梁实秋先生有一篇文章《排队》，其中有这样一段文字：

"抗战胜利后我回到北平，家人告诉我许多敌伪横行霸道的事迹，其中之一是，前门火车站票房前常有日本警察手持竹鞭来回巡视，遇到不排队抢先买票的人，就高高举起竹鞭，嗖的一声抽在他背上。挨了一鞭之后，此人便一声不响地排在队尾了。前门车站的秩序从此改良许多。我对此事的感想很复杂。不排队的人是应该挨一鞭子，只是不应该由日本人来执行。但是，我们自己人就没有谁肯对不排队的人下毒手。"

在梁先生所描述的情形下，规范的严苛已经成为了社会风气改良的最重要的选择了。但是在孩子还小的时候，我们的教育还是能够发挥作用的。梁先生在文章的最后问了这样一句话：

"难道真需要一条鞭子才行么？"

我想，教育应该，也是能够发挥些作用的。**我们重视规矩，更要重视一个有自尊心与自我价值判断的人的培养，我们需要有独立**

人格和独立判断的公民，而不需要表面恭顺，但随时都会因为外在的风吹草动而恣意横行、毫无是非的奴隶。

规矩养成需要尊重孩子的生命意志。知识的学习也应如此。

和大家分享一个小故事：一个雕刻家在细心雕刻一块尚未成型的大理石，慢慢地，头部、肩部都已经雕刻成形，一个美丽的女孩逐渐显现。这时，一个小孩子问雕刻家："叔叔，你怎么知道这块石头里面藏着这么美丽的一个姐姐呢？"

我们成年人所理解的雕刻过程是一个从无到有的加法，而在孩子眼中，雕刻是一个去掉多余部分的减法。当把这两种思路用来分析教育时，便感觉更加意味深长。在苏格拉底、柏拉图等古希腊哲学家那里，求知是一个回忆的过程。教学并不是我们从外部为孩子植入了一个知识，而是帮助学生逐步去掉那些认知障碍，拂去笼罩在知识上的尘土，揭开覆盖在知识上那层朦胧的面纱，知识就自然而然地呈现出来了。

所以说，**好的教学就是要充分调动学生已有的生活经验与学习经验，慢慢地为学生铺设台阶，让学生一步步走近所谓的未知，从朦胧走向清晰。**当我们带领学生学习新知时，我们是陪学生一起去还原学术前辈发现这个新知的过程，感受前辈的困惑，发现他们的探索路径，体验他们的反思与调整等等。最差的教学就是直接告诉学生最后的结论，然后去重复练习，达到一个并无太大意义的熟练度。

孩子拥有天生的求知能力。一旦孩子运用了自己的天赋发现了新的知识领域，这种愉悦是不可代替的。因为这种愉悦，求知或许就会自然而然地发生，不可抑制。

一句话，我们要尊重孩子生命的自然状态。但是在教育过程中，我们还是会过于急躁，过于自我，那原因究竟在哪儿呢？我们又该如何去调整呢？

我们要拥有对自己和孩子身份的准确认知。**我们是受过教育，经历过社会化的成年人，而孩子们只是一群知识和阅历都远不及我们的未成年人。我们应该因为这样一种身份差异而拥有教育者的身份自觉，要学会等待与包容。**

当我们缺少这样一份自觉的时候，就会按照自己的意愿，对孩子产生一系列的期望，而且对这些期望还很执着。当孩子们没有实现我们的预期时，我们的情绪就会很急躁，很失落。但是，当我们对孩子怀有期望的时候，我们应该多些清冷的反思：

我们的期望真的合理吗？孩子真的有能力完成我们的期望吗？如果孩子们无法完成我们的期望，那问题可能出现在哪里呢？我们又该用什么样的方式为孩子们提供支持呢？

老子有云："功成事遂，百姓皆谓我自然。"

意思是说，当事情很成功，一切都很顺利的时候，百姓们会说，这都是我们自己自然而然地干成的（而意识不到有一个管理者在引领他们，因为管理者的引领都尊重了他们的自然状态，没有让他们产生被控制的感觉）。

这就是老子提倡的无为而治。这应该是教育中比较理想的状态，孩子获得了引领，获得了提升，但是整个过程他们的独立人格与情感没有受到伤害。如此一来，当他们长大了，这个社会也会呈现出比较理想的状态：整个社会有着大家公认的文明规则，社会和谐融洽，但是这份文明规则的形成又充分尊重了个体生命的独立与自由。

7. 理性面对社会化

　　人是最活泼的、最灵动的、最独特的一种生命。我们每个人都有这样一种天性，我们的使命就是去张扬这样一种生命精神。然而，我们又必须思考另外一个层面的问题：人是社会性的存在，正因为我们能够凝聚更大的族群，所以我们才能够站在食物链的最高端，我们才是万物之灵。简而言之，人类存在的前提就在于我们有族群，我们有文明法则来保证个体的社会化，从而保持整体的凝聚力。

　　每一个新生命来到这个世界，最初都没有社会化的痕迹，很天真，很自然，散发着生命的清新与蓬勃。但是随着他们慢慢长大，他们就要接受一个社会化的过程。这个过程让他们感觉到痛苦，因为这意味着自我与本真的部分丧失，但是另外一个方面，社会化对于新生命和社会整体都有好处，因为这可以使整体保持相对一致从而更加强大，而个体也因整体的强大而获得庇护。

　　我们紧接着需要思考的问题就是这两个方面的关系问题：保持

个性独立自由与后天社会化的关系问题。二者真的不可调和吗？我们是否有更好的面对这一问题的思路与方法？

我想，社会化是必须的。**或许每个人都会经历这样一个过程，从张扬、叛逆到平和、淡然，或者是屈服，这样一种伤痛与失落是青春的必然烙印，无法避免。**但我们更应该思考的问题是在孩子逐步实现社会化的过程中，我们成年人如何更好地面对他们，尤其是我们教育者，更应该认真地思考这一问题。

提到这个问题，我总是会想起庄子。庄子的学说之所以在后世引发强烈的共鸣，是因为他的学说是对人作为"社会与文化的存在"的反省与焦虑。人只有进入社会，被社会文化浸润，才能够真正成为社会化的人，从而和整体一致，和谐前行。然而人的社会化也是一个被理性化、在某种层面上失去自然、丧失本真的过程，这样一个过程的确会让人产生焦虑。这是一个两难的问题。

任何一个社会都是需要主流价值观的，否则社会整体的维系和进步就会成问题。只是这样一种主流价值观要有弹性，不僵化，要在包容和碰撞中保持自己的地位，而不是以己为尊，排斥异己。庄子学说的本意也绝不是要完全抛弃社会文化的主流价值标准，而只是不能接受这样原本是人类创造的价值标准反过来僵化成一种工具和枷锁，因为一旦如此，人类社会就会失去活力。庄子始终强调社会需要有人冷眼旁观，带着一颗炽热的心。也许批判本身就意味一定层面的赞同，否则根本就不需要对话。

我们比孩子们更加了解这个社会的规则与价值标准，我们也需要引导孩子们理解并尊重我们的规则与价值标准，但同时我们也要明白，文明规则乃至价值标准都是在变化之中的。**人类要想延续并进步，就需要有新的元素加入进来，和固有的东西形成碰撞，如此方能生生不息，历久弥新，而这正是年轻人之于这个社会的最大的价值，因为他们能够带来新鲜的风。**

所以，我们要尊重和包容年轻人的想法，就算他们有些想法很偏执甚至是错的，但只要不是太过分，我们也都可以一笑了之。想一想，当初的你我何尝不是如此，很多过分的表达背后仅仅是一种情绪而已。我们包容一些，事情也就慢慢过去了，但当我们过分执着、没完没了的时候，就会给年轻人带来情感上的伤害，而且这样的状态久了，也容易导致这个社会沉闷而缺乏活力。

我们需要不停地提醒自己：社会化的目的是为了孩子个人的长远发展和整体的凝聚力，而不是为了我们师长的权威与尊严。

于是我们就可以摆脱主观的情绪感受去超然地思考问题：那些懂事的、听话的、规矩的孩子固然可爱，但或许也会有循规蹈矩，缺少创造力的弱点，而那些调皮的、不服管教的孩子或许也自有他们的优势。是否"**懂事**"是我们区别孩子的一个标准，而是否"**天真自然**"也应该是我们看待孩子的另一个重要维度。

我们要保持一份自信与开放的心态，不要害怕新的元素来冲击我们旧的秩序，而应该通过接纳、沟通进而去达成合理的交融。文明不能是僵化的，不破不立，真正成大事的人也应该有这样的气度与胸怀，教育是一件大事，所以我们都应该有这样的雅量，有着文明浸润的气质，但同时也有着孩子般的敏锐与天真。教育者如此，社会就有希望。

推荐阅读：

1.《四书章句集注》：中华书局 1983 年

2.《老子译注》：辛战军 中华书局 2008 年

3.《庄子今注今译》：陈鼓应 中华书局 1983 年

4.《老子的智慧》：林语堂 湖南文艺出版社 2011 年

5.《孩子，你慢慢来》：龙应台 广西师范大学出版社 2014 年

6.《追风筝的人》：【美籍阿富汗】卡勒德·胡赛尼 李继宏译 上海人民出版社 2014 年

7.《小王子》：【法】圣埃克絮佩里 周克希译 上海译文出版社 2018 年

第二讲

青春期，让我爱恨交加

青春很美好，但身处其中的人似乎并不是很珍惜，不论古今。唐代诗人窦巩写过一首很有意思的小诗《赠王氏小儿》：

竹林会里偏怜小，淮水清时最觉贤。

莫倚儿童轻岁月，丈人曾共尔同年。

幽默而又语重心长：孩子，别以为你还年轻就不珍惜时光啊，想当初，老夫我也是和你一样年轻啊。

青春是珍贵的，然而荒废青春的孩子却不在少数。我们该如何引导我们的孩子珍惜青春，把握青春？

青春的美好与珍贵，往往是那些身处青春的人难以去体会并把握的。当一个人真正觉得青春珍贵的时候，往往已经失去了青春。这是一个悖论。

年轻人一般都不会去赞美青春，他们甚至会避开谈青春，谈论这些，他们会觉得刻意和做作。事实也是如此，年轻人对青春的大肆赞美，往往流于形式和口号，只是一种庸俗的惯性表达，少有发自内心的真诚，因为他们大多意识不到青春真正的魅力。青春的魅力，往往只有不再青春的人才能够真正体会。我们这些失去了青春，或者部分失去青春的师长们，要把我们对青春的美好的感知传递给我们的孩子们。

1. 令人艳羡的青春

青春的美好与力量在于一种蓬勃的生机。

这种蓬勃的生机，首先体现在肉体上。一个十四五岁的孩子骨折了，恢复的速度会很快，但是一个中年人骨折了就会恢复得比较慢，而一个七八十岁的老人骨折，就极有可能瘫痪在床，因为老人的生命力已经很弱，任何损伤的修复都会变得很慢。

这种蓬勃的生机，更体现在精神层面。青春期的孩子感官非常敏锐，对新鲜事物也很敏感。他们有着强烈的好奇心与求知欲，对感兴趣的领域，他们会无比专注和投入。他们的学习能力，尤其是记忆力总是会令我这个中年人感到羡慕与震撼。这所有一切的背后是一种生命的力量，是一种蓬勃而势不可挡的力量。虽然从目前看，我们这些师长在面对孩子时有明显的优势，我们的知识储备和思维水平远远高于孩子们，但是我们心里都明白，其实我们在慢慢变老，我们在求知的敏锐程度、速度和专注度等方面已经远远不如眼前这些孩子。

青春还有一个令人艳羡的特点，那就是它意味着希望，意味着一种无限可能。可能性之于我们的重要是难以估量的。我曾经问过很多相对成功的人士一个问题，那就是："你是否愿意放弃现在的一切，回到你年轻的时候？"几乎所有被问到的人都愿意回到过去，并不是他们不满意眼前的生活，而是他们更在乎生命能够拥有一种新的可能性。但可惜谁也无法回到过去。

从一个更宏大的角度来说，生命可能性的大小也是人与一般动物的一个重要区别。很多动物在刚出生的时候，远远比人类强大。一只小鸟刚出生 24 小时，就能从很高的树上跳下来，也不会摔伤。刚出生的小鹿，几个小时后就可以跟着妈妈在草原上行走。因为上苍赋予了它们一种强大的生命本能。

相比之下，人类的幼年期则很长，而且这期间人的自我保护能力也很弱。但是人类终究还是强大的，从一个角度看，上天没有赋予人类强大的本能，这让人类显得脆弱；但从另一个角度看，上天也没有给人类太多的限制，脆弱的背后，是人类生命无限的可能性。每个生命都可能会呈现出我们难以想象的独特色彩，这就是人类的伟大，或许，这也是人类存在的意义。

而在人类这个群体当中，哪部分人拥有更大的可能性？答案很简单，那就是处于青春期的孩子们。古人说，欺老莫欺少，就是这个道理。

进而言之，珍惜青春，还不仅仅关乎个人的命运与前程，更关乎一个家庭，一个族群乃至一个国家的命运。就如同梁启超先生在《少年中国说》里面提到的，少年强则国强。因为少年如"红日初升，其道大光。河出伏流，一泻汪洋。潜龙腾渊，鳞爪飞扬。乳虎啸谷，百兽震惶。鹰隼试翼，风尘翕张。奇花初胎，矞矞皇皇。干将发硎，有作其芒"。梁启超先生看到了少年的生命能量，也看到了少年的无限可能，他对中国少年给予了美好的期待。

所以，面对青春期的孩子，我们要告诉他们：

我们羡慕你们，甚至嫉妒你们。你们是上天的宠儿，希望你们能够珍惜这生命中仅有一次的青春，珍惜这种上天赋予的蓬勃的生机。要爱护自己的身体，要珍惜自己敏锐的感官和强大的求知能力，万万不可辜负与荒废。

2. 格局与气象

对青春期的孩子，我们应该有明确的建议与指导，而不能总是局限于一些常态的套话：要珍惜现在的好时光啊，要好好努力读书啊，过这个村就没那个店了，不努力你将来会后悔的……

这些教诲是有价值的，但是力量不足，因为这些只是我们出于生命惯性而做出的表达，背后缺少深沉而走心的思考。所以这些教诲很难让孩子走心，也就很难真正地改变孩子的生命轨迹。

十几年的教育实践告诉我，与孩子们交流，一定要带给孩子触及心灵的震撼；再者，话不能太多，要直指重点和痛处，孩子们最讨厌的就是大人的琐碎，他们不喜欢正确的废话。何况，孩子的能力是有限的，面面俱到就是面面不到，所以师长的教诲一定要聚焦，聚焦最重要的那个点。

孟子说："先立乎其大者，则其小者不能夺也。" 意思是说，不论做人做事，首先要把最重要的事情确定，那么那些小的琐碎的因素就不会干扰到生命的重点或者事件的关键了。那么，对于青春期的孩子们而言，最能触及他们心灵的点在哪儿？最重要的东西到底又是什么呢？

我用两个字来回答，那就是：方向。

青春期的孩子最在意的就是生命和人格的独立，而最能体现这一点的就是自己能够选择自己的人生方向。教育，原本就是引导一个个生命走向合理而各异的方向。

《易经》六十四卦中有蒙卦。蒙，就是指事物最原始的时候，一种茫然无明的状态。我们需要启蒙，需要在茫然中找到方向。古人讲"蒙以养正，圣功也"，意思是说，启蒙最重要的使命就是给生命一个正确的方向，方向正确的启蒙教育是件了不起的功德。

在童蒙阶段，我们要关注孩子的人生方向。到了孩子的青春期，他们的自我意识开始充分觉醒，人生方向的问题就更加重要。孩子的生命力蓬勃旺盛，精神和肉体的发育速度都太快，方向正确，成就是一日千里，可一旦跑偏，堕落也是一日千里。一念天堂，一念地狱。

对于成年人来说，过往的人生经历给了他们一个生命惯性，他们学好不容易，学坏也比较难，因为他们已经固化了。但青春期的孩子就不同，他们的可塑性很强。因此，我认为青春期最重要的还是人生方向。人生方向就是志向，志者，心之所向也。中国人讲：童蒙养正，少年养志。即是此意。

年轻人的心思是狂野而多元的，我们无法也不应绝对控制，而是应该去引导。我们需要在尊重孩子天性的基础上注意一个基本维度：孩子的生命格局要大，生命气象要正。

生命格局要大，首先意味着人不能只活在自己的小世界里面。一个人活在人群之中，应该意识到除了自己之外，还有一个和自己相关联的更大的世界，自己的存在不仅对自己有意义，还要考虑那些和自己有关联的人的感受。通俗地说，不能让孩子成为一个狭隘的没心没肺的冷漠的人。

就自己的个体生命而言，所谓的生命格局大，还意味着人不能把自己仅仅当成一个维持生存的肉体，人还得拥有一个属于自己的精神世界。人需要关注肉体的成长，同时也要关注精神层面的丰盈与充实。一辈子只是追求吃喝的人，和一个追求丰富精神生活的人，呈现出来的生命状态会完全不同。

综上所述，我所理解的生命格局要大就是：就个体生命而言，兼顾肉体和精神；在社会之中，要兼顾个体和更大的社群。

所谓生命气象要正，主要是指孩子不要跑偏。在正确与错误之间，人不能跑向错误；在善良与邪恶之间，人不能站在邪恶一边；在高远与苟且、雅致与庸俗之间，人应该选择高远与雅致。当然，生命格局大的孩子基本也会有正的生命气象。

3. 青春需要阅读与行走

网络上曾经非常流行一句话：在你的生命里面，有你读过的书，有你走过的路，还有你爱过的人。

其实我们引导孩子的路径也无非就是这几个维度：引导孩子读书，在书中邂逅美好与崇高；带着孩子多走走，看看外面的世界；最后就是关注他们和什么样的人相伴，有什么样的朋友和师长。当然，更重要的还是为人父母者自身的生命状态。

首先说读书，如果去翻翻中国传统的启蒙读物，我们就会发现启蒙读物中大多数的内容都是有关人生方向的。

比如说《幼学琼林》里面就有这样的文字："问舍求田，原无大志，掀天揭地，方是奇才。"在孩子很小的时候就告诉他们：追求更好的生活条件，这不是大志；作为一个堂堂正正的人，立于天地之间，就要思考更大的事情，那才是奇才。

再比如另外一本启蒙读物《增广贤文》中说："钱财如粪土，仁义值千金"，"平生不做皱眉事，世上应无切齿人"等等。这些直白、平实的文字，都在传达一些简单而又重要的道理。

等到孩子们稍大些，便可以开始读《论语》等传统典籍。我们会发现《论语》里面很少有关于具体技能的论述，更多的还是人生道理，依旧是在关注人生方向。

综观中国古代的传统教育和传统典籍，我们可以清晰地看出：**传统教育主要是给孩子一种稳定的价值判断，让他们能够在未来坚守人生的方向。所以我们可以选择一些合宜的启蒙读物和传统典籍让孩子读一读，简单地解释，并不强求孩子现在就能够完全理解并做到，只是种下一粒种子而已，终有一天，这粒种子会开花结果。**

此外，还有一类书很值得我们推荐给孩子，那就是历史典籍和名人传记，或者是其他一些关于名人生平故事的读物。价值观和人生品质是相对无形的，但是历史中的英雄豪杰是鲜活的。孩子们可以在书中与鲜活的人物形象相遇，并从中体会到一些高贵的东西，而这些价值判断又恰恰是在其他的典籍中早已了解过的，这样一份碰撞会给孩子们带来比较强烈的情感震撼，从而让他们逐步确立自己的人生方向。

周总理年少时即有"为中华之崛起而读书"的志向，在东渡日本之前，他送给朋友一首诗："大江歌罢掉头东，邃密群科济世穷。

面壁十年图破壁，难酬蹈海亦英雄。"

即使孩子并不明了这首诗的全部意思，但仅仅是诗中的词汇与意象比如"大江"、"济世"、"破壁"、"英雄"，就会让他们充满热血，感受到那种张扬的壮志豪情。

毛主席在 19 岁离开家乡韶山的时候，将日本明治维新时的政治家西乡隆盛的一首诗改了之后送给父亲：

"孩儿立志出乡关，学不成名誓不还。埋骨何须桑梓地，人生无处不青山。"

很明显，在年轻的毛泽东心中，立志求学是生命中最重要的事情，而所谓的魂归故土似乎并不是那么重要。

这样的故事了解多了，孩子们会在潜移默化中成长。而当他们有了不一样的格局与气象，他们的整个生命就会有很大的不同。苏轼写过一篇文章叫《留侯论》，其中有那么一段文字，从中我们可以窥见格局带给人的影响："匹夫见辱，拔剑而起，挺身而斗，此不足为勇也。天下有大勇者，卒然临之而不惊，无故加之而不怒。此其所挟持者甚大，而其志甚远也。"

一个普通人，被侮辱之后拔剑而起，挺身而斗，这不叫勇敢。真正勇敢的人，事情突然来临也不惊慌，有人无缘无故找茬也不会生气，为什么呢？因为这个人拥有的志向很大、很远，所以他不会耗费自己的生命精力去和那些琐碎无聊的人计较。那种无聊的人，根本不配在他的生命剧本里出现，也不会有什么交集，就是这么简单。真正有格局的人会有他们独特的勇敢，会有他们的高贵与不屑。如果我们的孩子都能有这样的境界与格局，那该是何等的美好！

现在，很多孩子阅读的书籍缺少内涵，这是一件比较可怕的事情。低级苍白的文字没有办法激发出年轻人崇高的生命本能。很多流行的网络言情小说，习惯性地渲染主角的家世、财富以及容貌，让年轻的孩子沉醉于幻想之中。对于一个人来说，财富、容貌等这些方面固然重要，但毫无疑问，这些不是人生中最重要的东西。**孩子们需要有清晰的价值判断，而我们作为师长，需要有坚定的立场和有效的引导。**

再说说行走。其实行路与读书在中国文人的世界中一直是不可分离的，即"读万卷书，行万里路"。《幽梦影》中有云："文章是案头之山水，山水是地上之文章。"文章和山水之间是可以相互参照，相互映射的。我们在文章当中去想象山水之清韵，在山水当中去体悟感知那些熟悉的文字，这是一种美妙的互动。

行走可以指向两个维度：其一，走路其实还是为了看人。"人事有代谢，往来成古今。江山留胜迹，我辈复登临"。我们走过那些前人留下的痕迹，去感受其中的人文气息；其二，我们走路就是为了感受自然之美。四季物候变化的神奇，大自然的鬼斧神工，一切都很容易唤醒孩子心中的敬畏。

在行走中，孩子们能够体悟到历史的厚重与深沉，感受到造物主的伟大与雄奇，他们沉浸于美好与崇高之中，如此一来，他们就会亲近美好，创造美好。他们就会成为一群了不起的人。

最后要说的就是陪伴在孩子身边的人。现在有很多家长热衷于为孩子择校，这在某种意义上也有情可原。因为择校就是在为孩子选择同学和老师，选择环境与氛围。环境与氛围的重要性不言而喻，但家庭的氛围是最重要的，对孩子影响最大的还是父母。

如果父母陷入了世俗的柴米油盐酱醋茶而不能自拔，孩子就很难有大的格局。当然我们谁也不能够脱离世俗，因为我们原本就生活在尘世之中，但是我们自己也需要用读书、行走和思考来提升自己的生命境界。这个境界，不是一种表演和炫耀，而是一种生命姿态，是一种教育资源，它会带给孩子巨大的影响。**我们希望孩子有大的生命格局和正的生命气象，我们自己就得有大的生命格局和正的生命气象，以人育人，我们需要用自己的品德来培育孩子的品德，以自己的情操来陶冶孩子的情操。** 孩子的格局和气象，从根本上讲是由家庭来决定的。不一样的家庭，不一样的父母，也自然就会有不一样的阅读和不一样的行走。

概括说来，我们需要用读书，用行走，用我们的生命状态去引领孩子们，希望他们珍惜青春，把精力都放在求知上，放在责任的担当上，放在对美好事物的追求上，去追求大的生命格局和正的生命气象。大的格局和气象并不意味着他们现在就拥有了多少具体的知识，就拥有了什么样的能力，但对于年轻的孩子来说，来日方长。对于很多孩子，我们几乎可以确定他们会有远大的前途，因为我们能够看到他们明确的人生方向以及迅猛的发展速度，假以时日，大器必成。

4. 第二次出生

当孩子进入青春期后，我们会面临很多新的教育难题，其中他们的情感萌动是一个让很多师长头痛不已的问题。

一开始问题没有多大，往往只是孩子有点臭美，特别在乎自己的形象，照镜子的时间开始增多。一个五年级的小男孩被要求将头发剪短，多半会听话。但是到了初中，发型的问题会成为学校管理中的一个小问题。对于那些"小分头"来说，如果你要求他们把头发剪短，他们会很着急，甚至会对抗，因为他们觉得那些在大人眼中干净、利落的发型太老土了，太丑了。

我们需要意识到的是，他们开始追求美了。他们对美的追求的背后已经有了性别意识，他们的臭美，在潜意识里就是要展示给异性看的。

随着性别意识的觉醒，孩子们可能就会进而产生一些让我们家长和老师为之色变的状况，那就是所谓的"早恋"。其实，早恋这种说法本身就不是很合理：既然恋了，就谈不上早，这只是情感的一种自然萌动，没有早晚的问题。来了就是来了，我们去面对就好。我们需要做的更多是引导孩子理性地面对情感问题，比如说采取合理的表达方式，比如思考眼前与长远的关系等等。但恰恰也是这个问题，给很多师长造成了很多困扰，因为他们不知道该如何去表态。

其实，出现了不懂的问题并不可怕，只要我们愿意学习和思考，问题就会慢慢得到解决。可怕的是面对自己不懂的、拿不准的问题不加思考，只是随着认知的惯性，武断地给问题定性，并施加干预，事情就会变得不可控。

我们的成长经历本身就是最好的教育资源，一旦我们能够反思自己的过往，并去分析眼前孩子的现实情况，我们就会发现，真的不必过分焦虑担忧，我们甚至还应该开心，因为所有的问题背后隐含的事实就是：孩子们在慢慢长大。

作为独立的生命个体，他们需要发出属于自己的声音。他们已经开始登上历史舞台，这也就意味着，我们应该慢慢学会在舞台上得体地退出。他们活得好，才是教育最根本的目的。

孩子们要想活得好，首先需要具有独立的人格，他们不能永远生活在我们的遮蔽和庇护下。他们有着无穷无尽的可能和无限的希望。我们在烦恼的同时也要再次确认一个基本的事实：一个新的生命真正来到了这个世界，不仅是肉体的，更是精神的。**青春期是孩子的第二次出生，是更重要的出生，因为他们的精神出生了，这是一个令人欣喜的事实。**当然，这并不意味着孩子们已不再需要我们的指导与帮助，而是说，我们需要在尊重孩子的基础上去调整我们亲子沟通的方式，我们需要增加对孩子的容忍度。良好的沟通与交流永远是亲子关系和师生关系融洽的关键因素。

我们要学会平心静气地思考问题，随着孩子的长大，我们需要学习的越来越多，伴随着孩子的成长，我们也需要成长。

5. 别被荷尔蒙裹挟

随着孩子进入青春期，我们需要和他们谈谈性别意识及性别层面的审美，这也是爱情的本质。爱情是对美好的情感体验的追求，要追求美好，就要先确定美好的标准。如同艺术创作，在所有的艺术形式中，艺术家都在创造美、追求美，但是艺术家创造美的前提应该是他们拥有审美。爱情也是一样，喜欢一个人，终究是需要一个理由的，这个理由的本质往往就是我们在性别层面的审美。

在孩子小的时候，我们对他们的要求大多没有性别差异，不管是男孩和女孩，我们的要求大都是雷同的：你要做一个认真的人、勤奋的人，做一个好孩子、一个好学生。但是随着他们长大，我们要增加一些具有性别特点的要求，我们要引导他们做好男孩、好女孩，将来做好男人、好女人，好爸爸、好妈妈。有些学校在初中学段也开展一些"好男孩"与"好女孩"的评选，但是这些评选往往也会流于形式。因为，你会发现学校最终评选的还是好学生，没有性别特色的优等生，比如说遵守纪律，为人诚实的学生，学习刻苦的学生等等。如此一来，评选的意义就不大了，因为这样的评选没有办法真正引领青春期的孩子在性别意识上的觉醒与审美。

我们的教育在性别审美上是存在缺失的。因此，为人师长者需要更加注意这一问题。在孩子进入青春期后，我们需要引领他们逐步形成在性别角色方面的审美意识，然后是爱情方面的审美意识。如果孩子们在这些方面没有自己的审美标准，事情可能就会不乐观，他们可能会被青春期的荷尔蒙裹挟，盲目而没有方向。

帮助孩子们形成一系列审美意识的关键在于正面沟通和交流。随着孩子们的长大，我们交流的话题也应该与时俱进，不能够刻舟求剑，无视孩子们的成长，更不能掩耳盗铃，刻意去回避很多孩子成长中的棘手问题。的确，很多问题并不好处理，现在的传媒太过发达，孩子们接触了太多的信息，很多信息甚至让我们很尴尬，孩子们的问题会让我们猝不及防。但是，逃避不是办法，坦然面对是唯一的出路，一味地逃避会带来更多的问题。

事实上，很多问题之所以成为问题，就因为这些问题被妖魔化，被封闭起来，大家都避而不谈。比如说生死，我们忌讳它不谈，爱情我们不谈，性我们不谈，但是这些问题又客观存在，和我们的生命形影不离，于是很多的荒谬和扭曲就产生了。

当然，我们和孩子存在时代差异，我们的知识结构也不相同，矛盾和分歧是不可避免的。再者，关于性别审美和爱情，很多事情连我们自己都未必思考得清楚，又何谈与孩子们沟通。所以我们必须提前思考并认真准备，才会有好的结果。

对于沟通和交流，首先是交流双方的情感姿态和交流模式，当然，这一模式其实是由师长来主导的。关键是我们要利用好自己的主导权。关于交流模式，我的想法是这样的：

我们师长需要坦荡清晰地谈出自己的观点，说出自己的标准。但同时我们也一定要尊重学生或者孩子，倾听他们的想法，尊重他们的审美选择，**因为每代人都有自己的标准，我们不能将自己的标准作为唯一的标准。教育的真正任务是让孩子们能够形成自己的生命意志，茁壮成长。**

在讨论的过程中，师长们不能自以为是，而是要俯下身去和孩子沟通，倾听他们的意见。在沟通过程中，我们彼此影响，彼此尊重，彼此包容。过程中师长需要包容更多，因为和孩子们相比，我们看到的世界更大，我们具有包容的能力。或许有一天，当我们老去，知识结构更新很慢，开始变得封闭，我们的孩子也会包容我们，就像当初我们包容他们一样。

或许很多家长朋友会觉得，如果太过包容，会不会把孩子惯坏了，令他们太过自以为是从而导致走错路。这样的担心也不无道理。的确，每位师长在教育孩子的时候都应该有明确的底线并且应该严肃认真地把底线告诉孩子。但在不超越底线的情况下，师长的包容度还是应该高些，我们应该相信孩子，不必担心孩子处处较劲，很多时候，孩子反对你的原因并不是你不对，而是你太强势，将自己的观点当成最终结论。所以当我们放松下来，孩子们其实都还是很明理的。

我们很多家长可能会感觉现在的孩子都特别有个性，特别西化，但是我却有不一样的看法。在我的教育经历中，我发现孩子们的内心深处有一些根本性的东西，一定是跟师长有共鸣的，不管时代怎么变，你得相信他作为一个中国人的生命底色和价值判断。当师长们尊重孩子，孩子们可以自由选择的时候，其实他们会跟我们产生共鸣。

有了关于交流模式的思考后，我们就需要对于交流的内容做准备了。毕竟在中国的文化传统里，我们作为师长往往羞于拿自己的感情经历和孩子们分享，所以我们就需要通过阅读和思考做好最充分的准备。

6. 孩子，我们一起"谈情说爱"

　　中国人喜欢用"乾"和"坤"来代表男性和女性。《周易·乾卦》的卦辞里说：天行健，君子以自强不息。对于男性，我们往往强调他们需要有责任、敢担当，要进取、独立。任何人都免不了有缺点，但是对于一个男人来说，应当尽力保证自己不要在这些层面上存在缺陷。而对于女性，我们则将温柔、包容、坚忍这些品质视为中国传统女性的优秀品质，正如《周易·坤卦》的卦辞中所说：地势坤，君子以厚德载物。女性沉稳安静，又很包容，如同大地母亲，承载万物，但又默默无言。我们好像没有"大地父亲"这一说法吧，因为这两种形象并不是很匹配。

　　但是在当下的中国社会，的确存在一些反常的现象：比如大家常说的"男孩女性化，女孩中性化"。过去是"男孩打架女孩拉"，现在是"女孩打架男孩看"等等。在校园里，很多男孩过分阴柔，而且这样一种审美之风还很盛。

一个冬日的午后，我的一位同事跟班里学生说，要搬几张桌子到办公室去，老师在办公室等了一会儿，几位女生把桌子搬到了办公室。老师问："男生都在干吗呢？他们怎么没搬？"搬桌子的女生回答说："他们都在靠着暖气抹护手霜呢。"老师们哑然失笑。这或许只是个例，但如果男生都是这样，这可如何是好？其实，男孩在学校里可能会比较调皮，但是这似乎就是男孩的标志之一，老师们大多也都能接受。但是如果一个男孩特别绵软，畏首畏尾，即使他没有任何违纪行为，总不免会让人心里觉得有些遗憾。

当然，我们不能够用僵化的标准去限制一个活生生的人的成长。心理学上也有一个理论，人到中年后，会慢慢出现性别角色的整合，进而会出现所谓的完美人格，那就是中年男性在原先男性人格的基础上逐渐表现出温柔、敏感、体贴等女性特点，而中年女性则在原本女性人格的基础上开始表现出果断、大度、主动等男性特点。

但是在孩子们青春期的时候，我们还是应该有性别意识方面的审美引领，只不过我们要意识到人的多样性，不过分刻板就好。

谈完了性别意识的审美，我们还应该和孩子们谈谈爱情和婚姻。因为这对于孩子们的未来非常重要。但是，对于中国的师长而言，和孩子们谈论爱情并不是一件轻松的事，我也不例外。

在很多次的努力尝试后，我终于有了一点心得可以与大家分享。首先，在讨论时我们需要真诚，很多时候我们需要和孩子分享自己曾经的经历。其次，我们可以借助文学作品来和孩子们讨论爱情，当我们以旁观者的身份来观察和体悟的时候，我们就更容易将问题分析透彻明了。

我曾经给学生们讲过两首悼亡诗词。一首是宋代词人贺铸的《鹧鸪天》亦称《半死桐》。在诗词中他怀念自己故去的妻子，每一句都平实而直白：

重过阊门万事非。同来何事不同归。梧桐半死清霜后，头白鸳鸯失伴飞。

原上草，露初晞。旧栖新垅两依依。空床卧听南窗雨，谁复挑灯夜补衣。

大意是：再次经过老城的城门，物是人非，妻子已经离我远去，我就像干枯半死的梧桐树和失去了伴侣的鸳鸯。原野上，露珠刚刚被晒干。我流连于旧日同栖的居室，又徘徊于垅上的新坟。夜晚躺在空荡荡的床上，听着窗外的风雨，转过脸，灯下却再无为我补衣服的妻子。

另一首苏轼的《江城子·记梦》亦是让人感慨不已：

十年生死两茫茫，不思量，自难忘。千里孤坟，无处话凄凉。纵使相逢应不识，尘满面，鬓如霜。

夜来幽梦忽还乡，小轩窗，正梳妆。相顾无言，惟有泪千行。料得年年断肠处，明月夜，短松冈。

苏轼妻子故去十年，埋葬在老家四川，他在山东密州为官，千里之遥，阴阳相隔，他思念妻子，做梦梦见了妻子，很清晰的梦境，妻子在旧时的小窗边梳妆，两个人相见后，一句话都没有说，只是默默地流泪。直至从梦中醒来，用文字记下那个梦，那份思念……

很多孩子都会被打动，他们都认为这种情感也是爱情，虽然他们说不出理由。我想，或许他们也会因此而理解自己长辈们的爱情。一见钟情、心有灵犀是爱情，但平淡、绵长的相守与陪伴同样是爱情，同样需要我们去理解、尊重与敬畏。

爱情还会有很多种，因为爱情是一种最主观的情感体验，每个人都会有自己的感受和理解。**我们无法也没有必要去穷尽爱情的种类，因为我们和孩子们交流的目的并不是为了系统地总结爱情，也不是为了指导他们如何开始自己的爱情，而只是想告诉他们一个很简单的观点：**

爱情是一件很美的事，爱情是一种对美的理解和追求。我们需要尊重爱情，我们也需要珍惜自己 。

除了爱情，我还会和孩子们谈起婚姻，谈起东西方对于爱情和婚姻理解的微妙差异。因为我总希望孩子们能够更多地思考问题，从而为未来做好充分的准备。这关乎他们未来的幸福。

东西方在爱情和婚姻关系的理解上有着微妙的差别。所有的爱情，都要讲两性的吸引，这是共性。但是在东方的爱情里面，当我们由爱情开始迈入婚姻的时候，我们就会发现，我们个体的婚姻，往往会受到家庭的影响。在中国人心中，婚姻在更大层面上是一个社会化的行为，婚姻不单单是两个人的结合，婚姻是合两家之好，是两个家庭的融合。姻亲是维系家族关系的重要纽带，两个人的感情，要放在两个家族融合的背景中去考量。这也就是中国人喜欢说的"门当户对"。所以中国人结婚的时候，红色是主色调，要突出喜庆热闹的氛围，或许婚姻关系中的两个当事人是不是开心并不是最重要的，只要两个家族很喜庆，很热闹就好，因为这场婚姻的价值与使命就是让两个家族间的关系变得更加稳固。

不同于传统中国，在西方的文化背景中，婚姻的意义更多是在关注两个生命个体之间的一种情感状态，与各自的大家庭关系并不是很大。所以西方婚礼的主色调就是白色，是在强调爱情的纯洁与忠贞。

当年徐志摩与原配张幼仪离婚，娶陆小曼为妻，他周围的很多长辈朋友都非常不满，这其中也包括徐志摩的老师梁启超，梁启超虽然很开明，但是他还是觉得弟子的这种情感状态不对，不符合中国传统的审美。徐志摩回应老师的时候，说了这样一句话：

我欲于茫茫人海，访我唯一之灵魂伴侣，得之，我幸，不得，我命，如此而已。

在志摩先生看来，他就是要寻找一个灵魂的伴侣。应该说，志摩先生洒脱的背后有着西方文化的熏染。

东西方对于爱情与婚姻的关系的理解有些差异，但是这绝不代表，这两种思维方式就是泾渭分明、截然不同的。这样一种对比更多是在提醒我们，**在爱情当中，有两个维度是我们要思考的：第一就是两个人情感的热度与纯度，第二就是两个人在一起所要承担的责任，对双方乃至双方家庭、家族的责任。**在这两个维度中，西方的情感模式可能是以两人情感的纯度为重，但是这不代表感情的背后没有家族责任这些内涵；中国人的思路可能是更看重家庭乃至家族责任的内涵，但是也绝不是说，中国人就鼓励那种没有灵魂碰撞的爱情，绝对不是这个意思。

但无论如何，这两种思维模式和情感状态存在差异，这是无疑的。对于这份差异，我表示理解和尊重。我不会要求我的孩子一定要尊重父母之命、媒妁之言，必须要有家族担当，我觉得我没有那个权力。同样道理，我也不会对孩子说：关于婚姻，只要你喜欢就行，别的都不重要。因为我并不认为这个观点是正确的，人活着总要考虑很多事。

我只是想告诉我的孩子们，关于爱情与婚姻，有这样一些思路与想法。我希望他们能够认真地思考、审慎地选择。不管他们做出怎样的选择，只要他们能够为自己的选择承担责任，那就可以。因为他们拥有选择的自由。

选择的自由并不等同于选择的轻率，恰恰相反，做出一个选择需要深思熟虑。

对于我们的孩子而言，他们拥有选择的自由，但是他们也应该拥有选择的智慧与能力。为人师长，我们应该先给他们一些思考问题的维度，我们需要把我们对于爱情或者婚姻的一些理解，加以反思与整理，然后传递给他们，这是我们的义务。然后，我们给他们自由，一切都交给他们自己，留给命运，无论如何，他们会有，也应该有他们自己的道路，这是他们的权利。

对于现实中的学生的情感问题，我的态度如下：

对于常态的情感萌动，我一直是很包容甚至是祝福的，因为我知道那再正常不过，而且是一件很美好的事。

想起李清照写过的一首词：

蹴罢秋千，起来慵整纤纤手。露浓花瘦，薄汗轻衣透。

见客入来，袜划金钗溜，和羞走。倚门回首，却把青梅嗅。

大意是说，一个情窦初开的小女孩，碰到了自己喜欢的男孩儿，羞怯地躲开，但又不甘心，就拖拖拉拉走到门口，靠着门口不停地回头探看，看就看吧，还特别不好意思，于是拉过一枝花装出一副陶醉于花香的样子。

还有李端的《听筝》，也是这样的意境：

鸣筝金粟柱，素手玉房前。

欲得周郎顾，时时误拂弦。

一个女子为了获得自己心上人的注意，便在弹古筝时故意出点小的差错。为什么呢？因为她的心上人精通音律。很有意思的场景。

但是，同时我也会告诉孩子们：你们的情感萌动并不是典型意义上的爱情，因为你们没有选择的能力，也缺少承担责任的能力。我希望你们能够用心去感受和体会这样一种情感的状态，然后随着年龄阅历的增加，慢慢地去找到那个心仪的人，能够幸福地过一生。

但总还是有一些年轻人在情感萌动的时候，有一些行为方式让人不是很能接受。

比如，有的孩子有了情感的萌动，任意表达，甚至以此为荣，肆意炫耀，不分场合，不顾分寸。对此，我很是不满。台湾作家刘墉给自己的儿子就感情问题提过几条建议，有一条大意是这样的：你不要以为一个男孩被一个女孩喜欢，或者一个女孩被男孩喜欢是一件很了不起的事情，这首先是人的自然本性使然，并没什么值得特别骄傲的地方。这话很有道理，**爱情是一种生理冲动，但不能仅仅是生理冲动，爱情还应该是一种审美，是一种雅致的情感状态，不能是审丑。**所以当然没必要将情感当成是一个值得炫耀的资本，四处显摆；也没有必要把别人的感情当作茶余饭后的八卦谈资，传来传去。在我看来，爱情，尤其是青春期的爱情是一种特别羞涩的美好，是一种不足为外人道的情感体验。

年轻人的情感萌动是正常的，如果他们能够选择合理的方式去处理，我们需要理解并尊重。但如若孩子在情感方面有出格的地方，甚者有些低俗或是不自重的地方，我们为人师长者就要加强观念层面的引导，在学校里，还要进行纪律层面的干预。

推荐阅读：

1.《无怨的青春》：席慕蓉 作家出版社 2018 年

2.《靠自己去成功》：刘墉 长江文艺出版社 2007 年

3.《天地有大美》：蒋勋 广西师范大学出版社 2006 年

4.《命若琴弦》：史铁生 人民文学出版社 2008 年

5.《爱的艺术》：弗洛姆（美）著 李健鸣译 上海译文出版社
2011 年

6.《爱默生随笔》：爱默生（美）著 李敏、朱红杰译 上海三联
书店 2008 年

7.《沉思录》：马可·奥勒留（古罗马）著 何怀宏译 中央编译
出版社 2008 年

第三讲

做一个出色的守望者

　　中国古代讲究宗法伦理，亲子关系通常会严肃刻板，而父亲又大多主外，和孩子的接触相对较少。但是，两代人还是会通过家书等形式有很好的交流，比如我们熟知的名言"非淡泊无以明志，非宁静无以致远"就是出自诸葛亮的《诫子书》。东汉名将马援在前线征战听说自己的两个侄子（马援二哥马余的两个儿子，当时马余已经去世）喜欢高谈阔论，肆意评价他人，心感焦虑，便修书一封给两个侄子，即著名的《诫兄子严敦书》，其中有云："吾欲汝曹闻人过失，如闻父母之名：耳可得闻，口不可得言也。"意思是说，我希望你们两个对别人的过失如同面对自己父母的名讳，可听而不可说。戎马之际尚且如此，可见马援对后辈教育之走心。

　　时至今日，我们比古人似乎还是要稍逊一筹。一方面，今日之中国依然保有宗法伦理之惯性，家长依然存在本位主义，对于孩子独立人格的尊重度不够。另一方面，我们的亲子沟通在沟通内容的深度与格局方面，与先贤确实存在较大的差距。如何继承优秀的传统，且能与时俱进，我们任重而道远。

1."逆反"与"听话"

先从两个谈及家庭教育时出现的高频词汇开始说起。

第一个词是"逆反"。所谓的"逆反"通常包含以下现象：孩子不听父母的话，和父母对着干，不愿意和父母沟通交流。我们暂且不去讨论这些现象产生的原因，先来分析下"逆反"这个词语的隐性内涵。

通常家长可以说孩子很逆反，但是孩子却不可以说家长很逆反。所以，我们会发现，"逆反"这个词只能适用于父母描述孩子，反之则不可。然而当我们去分析孩子"逆反"的具体表现时就会发现，"逆反"的本质是亲子双方交流的不畅，是双方在思维观念上的一种冲突。当我们把这样一种冲突界定为孩子"逆反"的时候，这说明我们先入为主地规定了家长一方的正确性，这样一种规定的背后是我们家长本位的思想，这其中有着我们中国文明传统的影子。

第二个词是"听话"。我们常常喜欢这样夸奖孩子："好孩子，真听话！"但这真的是一种夸奖吗？如果在孩子小的时候，别人夸我们的孩子听话，我们的确会比较开心。但如果孩子已经四十多岁了，别人还夸我们家的孩子很听话，估计我们就不开心了，因为那极有可能是一种讽刺，那是在说我们的孩子是个巨婴：一个具有婴儿心理的成年人，自我而又充满依赖。

认真想来，我们真正追求的并不是孩子"听话"，而是孩子的健康成长。很多家长认为，如果孩子比较听大人的话，他们就会成长得比较顺利，少走弯路。但问题是孩子们终究会独立生活，他们不是任何人的附庸，他们需要有自己的思维方式与价值判断。如果孩子总是在听父母的话，那么他们自己的思维方式又如何建立呢？他们自己的人生又在哪儿呢？因此，培养孩子"听话"应该只是在孩子年幼时的权宜之计，我们要在孩子"听话"的基础上少说话，让孩子慢慢地学会独立思维。孩子们需要听的是他们自己的话，是他们内心最真实的声音。

教育之所以存在而且重要，就是因为人类有新陈代谢，我们始终生活在分离之中：我们的父辈会慢慢地离开我们，而我们注定也会离开我们的孩子。在失去了长辈的照顾与庇护之后，年轻一代是否能够独立生活，是否能够生活得安全、健康而温暖，一切都取决于教育。

所以说，**教育的目的就是通过知识、技能、价值观等内容的传递来支撑下一代独立、健康而有尊严地生活**。衡量教育成功与否的关键就在于下一代的生活状态。因此，**教育的本质就是为人师长者一场得体的退出**。师长们在逐步往后退，目的在于让孩子们逐步登上舞台，因为他们需要逐步拥有自己独立的思想，需要发出自己独立的声音，然后才会拥有独立生存的能力。

如果我们真正理解了教育的本质，就会发现孩子们的"逆反"其实是一件好事，因为这说明他们开始拥有独立的生命意识，他们不会再像过去一样依赖父母，听父母的话，因为他们在慢慢长大，正在登上历史舞台，他们的未来值得期待。

2009 年时任美国总统的奥巴马在开学第一课上列举了美国历史上那些年轻人的创举，并且问了在场的年轻人一个问题：如果一百年后的美国总统开讲开学第一课，会怎样描述你们这些人对时代发展的推动。这是一个很好的问题。无论如何，年轻人是我们的希望。

面对年轻人，**我们首先需要关注的是他们是否拥有自己的生命意志，然后才是要关注他们的生命意志是否合理恰当**。当孩子开始所谓"逆反"的时候，当他们拥有了自己的想法，和我们产生了分歧与对抗的时候，我们的第一感觉应该是欣喜，因为孩子已经长大了。然后我们要带着喜悦去思考如何和他们开展有效的沟通，引导这些独立的生命个体更健康、更理性。真正可怕的不是"逆反"，而是孩子没有自己的生命意志，慢慢成长为一个可怜又可悲的巨婴。

著名的教育家、哲学家蒙台梭利曾经说："对于儿童来说，如果他们没有学会独自一个人行动，自主地控制自己的行为，自动地管理自己的意志，到了成人之后，他们不但容易受到别人的指挥，而且遇事必然会依赖别人。"其实这或许还不是最可怕的。

哲学家罗素认为，当我们在教育中过分强调师长权威，要求学生服从纪律和规矩的时候，学生就容易呈现出双重人格，对在上的人服从，表现得很怯懦，但是对在下的人则容易作威作福，蛮不讲理。他甚至说，童年的纪律训练和成年的战争爱好有着前因后果的关系。值得注意的是，罗素的论述是在第二次世界大战爆发前夕，如果我们把罗素的观点用来解读德国法西斯势力形成的原因，会有让人眼前一亮的感觉。

如此看来，我们在家庭教育中的确存在一定的误区，我们需要做出调整。但有意思的是，当我们试图调整的时候就会发现，调整并不容易，因为这样一个误区的背后是相对稳固的思维方式甚至是文明传统。因此，我们有必要对产生误区的深层次原因做出剖析。

2. 儒家传统影响下的亲子关系

　　客观说来，受儒家文化影响比较大的东亚文化圈相对重视长辈
与领导的权威，在家庭教育中习惯强调晚辈对长辈的尊重与服从。
而在西方文化环境中，这样的情况就会比较少些，他们会更倾向于
强调个性的独立与关系的相对平等。文化本身并没有优劣之分，很
多时候文化层面的因素之所以会制约社会发展，往往是因为当代人
文化创新的不足。

　　任何一种文明传统的形成都会伴随着一个有损有益的过程，在
每个特定的时代，人们会将那些和具体时代环境不相符合的文化要
素去掉，这就是"损"；同时也会结合新的时代问题对传统文明做出
新的解释或者增加新的内容，这就是"益"。这也就是胡适先生所
提的"整理国故，再造文明"的过程。

　　我们要带着问题意识去整理传统文化资源，做有实效性的文化
创新。很多时候，出现问题的原因就在于我们僵化教条，刻舟求剑，

无视时代的变化以及因变化而产生的具体问题，在文化层面缺少创新，问题自然也就产生了。

为什么儒家的伦理等级制度会在中国产生并延续千年呢？其实宗法伦理产生的社会土壤是家族聚居，而家族聚居的背后又是农耕民族围绕土地生存的经济模式。传统中华文明的源头是农耕文明，生活模式是家族聚居，因为这样一种生产方式和生活模式，中国人极度重视宗法伦理。只有大家族有凝聚力，中国人才能更好地开展农业生产，提升生产效率，拥有更好的生活，这是基于现实的一种理性。但这只是个开始，随着文明的累积，宗法伦理背后的现实原因慢慢在隐去，相反，它的信仰意味越来越浓厚，这也是符合逻辑的。一种对于社会很重要的道德准则一旦上升到信仰层面，那么对于这项道德准则的遵守就会变得更加严肃而庄重。

在信仰模式下，宗法伦理便不仅仅是世俗秩序安排的基本原则，同时，它也成为了中国人在浩瀚的时空中安顿身心的重要凭借。人在尘世间，有一个绕不开的困局，那就是生命的有限和时空的无限之间的矛盾。在无限的时空背景下，我们的生命卑微而渺小，因为死亡而必然会呈现为一种断裂的状态。

而信仰的意义则恰恰在于对这样的生命困局的解决。通过信仰，**我们的生命可以实现从短暂到永恒的超越，实现从渺小到崇高的**

超越。

在我们中国人实现生命超越的过程中，亲子伦理具有极其重要的地位。个体生命是短暂的，但是亲子血脉的延续则让个体生命具备了无限与永恒的可能。就如同《春江花月夜》中所云：人生代代无穷已，江月年年只相似。"人生代代"就拥有了对抗"江月年年"的可能。

子孙延续原本是一种正常的自然状态，但是我们赋予这样一种生物层面的延续以神圣的意味。通过血脉的延续，我们每个人都在生命的链条中获得不朽的可能。因此，我们极其看重我们的子孙后代，因为他们是我们生命的延续，这是一种炽热而深沉的情感。与这份炽热并存的就是我们父辈对于子女事无巨细的照顾或者说是干预。

在某些时刻，这些干预意味着温暖，而某些时候，这些干预就是冲突的导火索。当孩子慢慢长大，他们独立的生命意志开始觉醒，然而父辈依然习惯于将自己的生命意志附加在他们身上，以爱的名义。于是这份爱就会带给孩子们刺痛的感觉，亲子之间相爱相杀的模式就此开启。

而在以基督教文明为主流的西方社会，情况就会有所不同。在他们看来，信仰的关键在于人和上帝神圣的相连，这是实现从断裂走向永恒，从卑微走向高贵的关键。尘世间血脉的延续并没有信仰层面的意义，而且，信仰就是要超越这种世俗的血缘，去建立和上帝之间更神圣的关联。

在西方文明的背景下，亲子关系有着不同的意味。亲子之间是彼此独立的个体，他们在灵魂上是完全平等的，孩子是父母的孩子，更是上帝的孩子，是上帝借父母的身体让他们来到这个世界。相比于传统中国，西方的亲子关系就显得更加清冷，更加理性，更加尊重生命个体的独立性。他们的伦理亲情没有传统中国那么炽热。

舐犊情深是一种自然的、基于生物本能的状态，但是在儒家伦理的背景下，这样一种天然的舐犊情深被强化了，甚至拥有了信仰层面的意义。而在西方，这种天然的伦理情感则没有被赋予特殊的意义，仅仅是其本来的面目而已。

"逆反"一词带有强烈的中国伦理的意味，"逆反"的背后是父母和孩子两种意志的分歧。然而，我们用"逆反"这个词赋予了这个分歧一个特定的判断：父母是对的，而子女则是有问题的。而在西方文化的语境中，父母和子女的意见分歧更多会被描述为"代沟"，这是一个非常中性的表述方式。面对代沟，形成分歧的双方都需要去努力沟通，进而达成相对一致。

应该说在当前的社会环境下，"逆反"作为一种惯性表达还是可以接受的，但是如果父母依然是固执地坚持自己先入为主的权威，这就非常不合适了，即使我们的出发点是爱。

在传统中国，亲子之间对抗的现象并没有现在这么严重，甚至就在几十年前，亲子之间也没有现在这么紧张，但是为什么到了今天，事情就变成这个状态了呢？

其实问题的关键就在于我前面所提到的文明再造的问题。1840年是一个时间节点，1978年也是一个时间节点。改革开放以来，中国社会发生了巨大的变化，但是，我们的文明再造却没有很好地完成。虽然农耕文明尚未完全解体，但是工业文明的进入，商业文明的发展，城乡二元的对立，大家族聚居的解体，小家庭为主的生活模式的确立都让中国社会呈现出了全新的状态。然而我们文明观念的更新速度太慢，甚至是一种停滞与僵化的状态。同时，传统的文明传承在一定层面上又出现了断裂。各种因素影响下的结果便是：我们的思维方式无法应对现实的变化，混乱自然而然地产生了。我们的道德体系依然是自给自足的小农经济与宗法伦理下的熟人道德，于是在社会分工细密，商业交换发达的今天，契约精神的缺失与道德的崩溃就随之而来。

教育问题不过是大的社会问题的一个缩影而已。在工业时代甚至是后工业时代，我们所需要培养的学生的具体能力与指标也应该随之改变，我们的亲子关系的模式、师生关系的模式以及教育过程的内容设计都应该随之发生变化。

在农耕时代，技术进步非常缓慢，人类面对自然的竞争力主要来自人类自身的凝聚所带来的力量，所以，教育的内容以伦理规范为主。进入工业时代以后，工业大生产需要大量服务于流水线的技术工人，于是人类的教育发生了变化。课堂教学、分科授课、统一的教材、严谨而有序的时间安排，所有这一切组成了一条教育的流水线。后工业时代来临，信息技术和人工智能的发展日新月异，教育也应随之调整，我们需要尊重学生的个性，因为个性也是资源。我们需要关注学生搜集、处理信息的能力，我们还要关注学生批判性思维的养成。

而现实却是，我们的变化太慢，庸俗的思维惯性太强。我们很多家长朋友关于教育的思维模式甚至还停留在农耕时代。他们对孩子的爱过于炽热却又缺少对孩子独立人格的尊重。有意思的是，很多如此做的家长朋友还都是接受过高等教育的知识分子。由此可见我们文化惯性之强以及独立思考能力的相对缺失。

和大家分享一个关于炽热与束缚的故事。十几年前，学校初二年级开青春生日会，我的一个学生分享了她父亲给她的一封信，很多年过去了，我还记得信中的内容，说的是父亲上大学的时候，每天下午去图书馆的路上都会看到一个长发女孩坐在琴房的透明落地窗前弹钢琴，那情景非常美好。这个父亲在有了女儿之后仍然对此念念不忘，于是他让女儿留起了长发学钢琴。但是枯燥的课程、父亲的逼迫、老师的要求，让女儿忍无可忍，父亲终于忍痛同意女儿不再学琴。

这个故事让我感到纠结的是：这份爱很感人但又好像有点扎人。这个父亲他是值得同情还是需要批判？跳脱出感情，我们来理性地分析下这位父亲的做法。

我们每个人都可拥有一些美好的期待，但是我们不能把这个期待附加在自己之外的生命个体上。在那个生命个体懵懂不自知的时候，一切或许还算平静，但当有一天这个生命个体拥有了自己的独立意志，冲突便似乎不可避免。不管这样的安排背后有着怎样强烈的爱，都改变不了这份安排的不合理。

在孩子成长的过程中，家长会有诸多的烦恼。其实，孩子何尝轻松？家长朋友们也要意识到自身的问题，很多时候大家的理性被感性冲击，失去了冷静，无法心平气和地讨论问题，导致很多事情都乱七八糟。当然，关心则乱，这是人之常情，但是我们为人师长者还是要学会跳脱与超然，因为我们有更高的期待。

3. 让温暖催生求知欲

有很多家长朋友，包括一些教育界的同行，在教育孩子的时候，维度单一，只抓技能，甚至只抓成绩。他们的逻辑很简单：只有技能好了，超越其他人了，将来你在社会上才能有饭吃，才能生存。

这种逻辑存在一些问题。一个人生活在社会之中，仅仅有技能是不够的。不能否认，人首先需要具备基本谋生的能力，方能自食其力。但同时，一个人也需要拥有良好的品德，明晰是非，这样他才能善待这个世界，也才能够被这个世界善待。再者，**我们需要注意，我们培养的是有血有肉的人而不是冷冰冰的机器。机器可以改造这个世界，却永远不能体验和享受这个世界。人一旦被异化为机器，就不容易快乐，同时也会失去人所独有的活力与创造性。**

梁启超先生曾经跟学建筑的儿子梁思成说："我怕你因所学太专之故，把生活弄成近于单调，太单调的生活，容易厌倦，厌倦即为苦恼，乃至堕落之根源。"梁先生真的是一个伟大而睿智的父亲，在他的影响下，他的孩子们都发展得很健康，很全面，有专长也都有自己的爱好，生活得成功且有情趣。

因此，在教育孩子的时候，我们关注的角度要多元。我们要关注孩子的学业；也要关注孩子与同龄人的交往，他们需要有自己的朋友圈子，男孩得有几个好哥们儿，女孩也应该有几个说得来的小闺蜜；等孩子稍大些，我们还需要关注他们与异性交往的能力；我们还要关注孩子是否具有独处的能力，他们是否拥有一个能让自己沉浸于其中的爱好……这一切都非常重要，只有我们有意识地关注孩子的多维度的能力发展，孩子的将来才会更有可能成功和幸福。

如果我们只抓教育中的一个点，那么我们的教育可能就会出现偏差，甚至会培养出许多畸形人来。比如说有的人在一个专业内有很棒的表现，但是与人沟通交往的能力很差，也没有自己的兴趣与爱好，生活得异常枯燥。这样的人生真的是孩子想要的吗？我们应该培养这样的生命状态吗？我们是否应该通过我们的教育去尽力避免类似现象的发生呢？

再者，如果只抓教育中的一个点，我们往往连这一个目标也很难实现。因为教育是一个系统，其中的各个要素不是孤立存在，而是相互影响相互作用的。比如说，教师只抓学生的成绩，而不顾师生关系的质量，结果一定不会太好，正所谓"亲其师"方能"信其道"。而如果在家庭中，亲子关系紧张，孩子在和父母相处的时候，只是感觉到了父母提出的冷冰冰的要求，而感受不到体谅和温暖，这个孩子会全力以赴地学习吗？答案是显而易见的。

在我的经验里，亲子关系和师生关系的温暖对于孩子来说至关重要。因为当孩子感觉到温暖与安全的时候，求知就是一件自然而然的事情。相反，如果一个孩子对周围的环境感到恐惧和紧张，那么求知就会变得很困难，因为这个孩子满脑子想的就是如何保护自己，如何小心翼翼地不出错而使自己避免责罚。

在很多孩子还没有上学的时候，他们似乎每天都在成长，都在进步，他们的眼睛亮亮的，这让我们很惊讶，也很惊喜。因为在那个阶段，大多数的父母对孩子没有明确的要求和期待，对他们在学习外部世界的过程中所出现的错误也大都不在意，甚至把它当成一个很有意思的事情和周围人分享。孩子也不会因为自己的表现而被大人们评价定位，甚至分成三六九等。那时，求知就是一件自然而然的事，没有人会过分关注求知的结果，更不会因为求知的结果而或赏或罚。但是，这一切都在孩子入学后发生了改变，父母和老师对他们有了标准和要求，同学之间有了比较，更重要的是，他们的表现甚至会影响到父母和老师对自己的态度。于是，美好的无忧无虑的童年没有了，他们的内心开始有了恐惧和不安，学习和求知变得不再那么自然，他们的眼神也没有那么清亮了。

当然，伴随着长大，人总是要承担更重的任务，接受更大的挑战，直至有一天，我们走向真实的成人世界。但是我们需要知道，**在孩子刚开始求知的时候，我们要包容呵护他们，不过分看重求知的速度和所谓的准确率，更不要因为他们某个阶段的表现而过分苛责。**因为我们不能让孩子的内心总是充满着忧虑与不安，这样会干扰到孩子们真正的成长。

和大家分享一个钟表匠和金字塔的故事。

1560 年，瑞士钟表匠布克在游览金字塔时说："金字塔的建造者，绝不会是奴隶，而只能是一批欢快的自由人。"当时的人并不相信布克的话，因为他们所学的历史都告诉他们：金字塔是由几十万奴隶建造而成的。然而 2003 年，埃及最高文物委员会宣布：历史考古发掘表明，金字塔是由当地具有自由身份的农民和手工业者建造而成的。这时有人开始回忆起布克的结论，他们很好奇，为什么布克在几百年前就做出了正确的判断。经过一系列的考证研究，布克的具体推理过程浮出水面：

布克是一名天主教信徒，曾因反对罗马教廷的刻板教规而入狱。在囚禁期间，他被安排制作钟表。在监狱中，布克发现自己的制表能力在下降，不论狱方怎样严格要求，他无论如何都不能制作出日误差低于 1/10 秒的钟表。然而在入狱之前，在自家的作坊里，他能轻松制造出误差低于 1/100 秒的钟表。对于这样的反差，布克自己也百思不得其解。最初，布克将问题归因为监狱里制造钟表的设备与环境太差。但是在他恢复自由后，在同样差甚至更糟糕的环境中，他制表的能力却恢复了。此时，他才意识到，或许问题的关键不在于环境，而在于自己的主观心理状态。

布克说："一个钟表匠在不满和愤懑中，要想圆满地完成制作钟表的所有工序，是不可能的；在对抗和憎恨中，要精确地磨锉出一块钟表所需要的全部零件，更是比登天还难。"所以他大胆地做出推论："金字塔这么浩大的工程，被建造得那么精细，各个环节被衔接得那么天衣无缝，建造者必定是一批怀有虔诚之心的自由人。一群有懈怠行为和对抗思想的奴隶，绝不可能让金字塔的巨石之间连一片小小的刀片都插不进去。"

后来的瑞士制表业继承了布克的思想精髓，他们尊重制表工人，保证他们的待遇，从不克扣工人的工资。因为他们深知：**人的能力，唯有在身心和谐的情况下，才能发挥到最佳水平。**只有如此，才能制造出最好的瑞士手表。

这个故事对我们理解教育有很大的启发：我们需要构建良好的亲子关系与师生关系，让我们的孩子活在温暖而放松的环境之中，如此他们才会自然而然地进入到求知的状态之中，才会有让我们眼前一亮的创造。

4. 七分观望，三分守护

构建良好的亲子关系，关键在于家长。在思维层面上，我们需要把所谓的"逆反"看成是一件正向的事情。孩子终究都要长大，他们拥有了一个独立于我们生命之外的个体意志，这是最高价值。在尊重这一价值的基础上，我们再去思考：一个独立的生命意志，如何通过自省和师长的引导走向一个正确的方向。这是第二位的问题。

这种价值的排序并不取决于我们某个人的主观分析，而取决于孩子成长的客观规律。通过很多的教育案例，我们发现，**青春期的孩子，面对和父母之间的冲突，他们所在意的往往并不是一件事情如何更圆满、更合理地获得解决，而是这件事情到底是谁做主，尤其是一些在我们看来无关紧要的小事。**

比如说，冬天周末出门穿什么衣服，父母在乎的是这个衣服够不够暖和，穿上去够不够得体，于是父母按照自己的理性思考提出了自己的穿衣建议。但是对于孩子来说，他们更在乎的是，那件衣服是不是自己的选择，"我想穿"这件事情最重要。如果说一个人连自己出门穿什么衣服都不能决定，那又怎么能算一个独立的人呢？穿的衣服过薄，那会带来生理层面的受冻；如果穿衣之事自己都不能做主，那是精神层面的痛苦。

其实，在这样一场小小的冲突之中，对立双方各有各的道理，各有各的逻辑。我们需要权衡的就是在这个具体的场景之中，到底哪个逻辑更为重要。两利相权取其重，两害相权取其轻，如此而已。那么，到底是衣服的得体与保暖更重要，还是孩子的选择权更为重要呢，在孩子看来，毫无疑问，是自己做主更为重要。而如果父母能够跳脱出理性思考，就会发现，其实还是孩子独立意识的养成更为重要。**终究有一天孩子要自己面对这个世界，我们不可能事无巨细地安排他们的一生。孩子需要慢慢地形成自己的生命意志，学会自己照顾自己。**

还有一个值得大家注意的事实，那就是很多孩子之所以产生了所谓的叛逆行为，就是因为我们没有尊重他们的生命意志。而当我们真正尊重他们，把选择权交给他们的时候，他们的选择就未必会那么不堪。**他们之所以做出看似离经叛道的举动，往往是因为我们伤害到了他们的存在感，于是他们用一种离经叛道的荒诞来证明**

自己的存在。 但是当我们给他们自由的时候，他们的选择其实还是会比较理性的。其实，当一些孩子特别漠视周围人意见的时候，原因可能在于他们的意见从来就没有被重视过，他们需要把自己的意见作为第一意志，才会削减别人带给他的压力和痛苦。也就是说孩子的"逆反"程度和他们所受到的外在压力有很大关系。为人师长者需要去体会他们的苦衷并去包容他们。

至此，关于大的原则我们应该能够形成共识，那就是首先要尊重孩子的生命意志，不能够因为长辈的过分干预伤害到孩子的存在感。但我们也能理解很多父母的苦衷，可怜天下父母心，总是小心翼翼地呵护着自己的孩子，生怕孩子受到一丝丝的伤害。一方面也明白需要让孩子慢慢地独立成长，但另外一方面却又总是怕孩子犯错误，怕他们出现偏差。这其中的分寸拿捏着实令人头疼。

想到了一本有名的小说《麦田里的守望者》，小说中的那个满嘴脏话，叛逆无比的主人公提到了自己的梦想：

"我将来要当一名麦田里的守望者。有那么一群孩子在一大块麦田里玩，几千几万的小孩子，附近没有一个大人，我是说——除了我。我呢，就在那混账的悬崖边，我的任务就是在那守望，要是有哪个孩子往悬崖边来，我就把他捉住——我是说孩子们都是在狂奔，也不知道自己是在往哪儿跑。我得从什么地方出来，把他们捉住。我整天就干这样的事，我只想做个麦田里的守望者。"

主人公的梦想有两个维度：他作为一个守望者，他会给孩子们自由，让他们在生命的原野上狂奔，这叫观望；但同时他又会集中注意力随时准备扑向可能会掉落悬崖的孩子，这叫守护。

主人公外在的玩世不恭难以掩饰他内心的柔软与善良。他表达了孩子内心的纠结：我们渴望自由，但我们也害怕堕落。他也表达了孩子对成年人的期待：求你们，守望着我们。给我们自由，但又要注意保护我们，虽然这很难。对于父母和师长而言，我们需要回应孩子们的呼唤，我们要做一个出色的守望者。

孩子终究要一个人行走自己的生命道路。所有的教育不过是种演练，通过演练，孩子能够拥有将来独立行走的能力。所以，我们要学会观望。但是孩子毕竟是孩子，他们也没有拥有把问题完全处理好的能力，所以我们还要去守护他们。七分观望，三分守护，这就是我们大的原则。

就具体的亲子关系处理，结合我在教育实践中所遇到的一些案例，我有两点想和大家分享。

首先，我们为人师长者要站在孩子的角度和立场去思考问题。我们需要拥有共情能力，去理解和包容孩子的某些想法，而不是单纯地以对错或者合理与否来判断一件事情。因为按照这样一个标准，我们基本上永远是对的。在孩子小的时候，他们的知识、能力远远不如我们，所以他们的判断肯定也不如我们更合理、更周全，于是，很多师长就会简单而武断地要求孩子们听从他们的建议。从具体事情的角度来说，结果可能会比较理想，但是我们需要明白的是，在陪同孩子成长的过程中，很多时候，这些具体的事情本身并不是最重要的，更重要的是孩子们的成长，那些具体的事件不过是促使孩子成长的契机而已。比如说孩子吃饭，父母喂他们通常会更节省时间，也会更利索，而孩子自己吃，会花更长的时间，并且他们往往还会将饭撒落得到处都是。但是，孩子就是通过自己吃饭慢慢地提升自己肢体的协调能力和自理能力的。父母照料下的整洁有序却毫无意义，毕竟，我们不可能一辈子喂孩子吃饭。

而且，很多家长在面对孩子时过于简单武断，还会强化一种关于亲子互动的思维定式：在亲子之间，决策能力的强弱是双方是否有话语权的决定因素。假如亲子双方都认同了这样的思路，后续的结果可能会令我们很难堪。世间公道唯白发，贵人头上不曾饶，终究有一天我们也是要老的。当我们慢慢老去，知识不再更新，视野变得相对狭窄，而我们的孩子正年富力强，他们的能力、知识、视野可能远远超越我们。那时当我们和孩子之间又产生分歧时，孩子极有可能会很强势地否定我们的意见，因为这是我们教给他们的逻辑。而且他们还很有可能很不耐烦地教育我们，如同我们当初教育他们一样。**我们成年人在面对家庭矛盾的时候总爱说一句话："家庭不是讲理的地方。"但是我们是否意识到，这些很爱讲理也很会讲理的孩子都是我们培养出来的。**

在亲子关系的相处之中，双方的情感感受应该是最重要、最需要考虑的价值追求，而单纯计较于事情本身的正确与否就未必是有价值的决定了。最理想、最美好的画面应该是这样的：在孩子小的时候，强势的我们要尊重孩子并给他们自由，孩子有和我们探讨问题的权利。同样的道理，当我们老了，处于弱势，孩子们也会理解并尊重我们，将我们当成一个爱的对象而不是讲道理的对象，这样的感觉太美好了。

其次，**我们需要在尊重孩子主体地位的基础上加大亲子交流的频率与深度。**通过亲子交流，我们能够部分消解亲子双方的矛盾与差异，能够更加了解彼此从而增加包容度，同时也能够将我们的人生经验以最合理的方式传递给孩子，让孩子逐渐形成独立、理性的思维方式和行为方式，这才是对孩子最大最有效的守护。如果父母和孩子的交流都没有了，怎么可能照顾好孩子？更别提教育和引领了。所以说，无论如何，我们都要想办法开展良好的亲子沟通。

　　听到过很多家长的苦楚：现在和孩子交流越来越难了，我们工作很忙也很累，哪儿有那么多的时间，再说了，孩子现在越来越不爱说话了，就是我想和他们聊，他们也不和我聊啊。

　　但事实上，交流是种本能，亲子沟通本身不需要我们刻意去培养。孩子们渴望被理解，我们都知道幼儿非常依赖母亲，除了天生的血缘因素以外，一个很重要的原因就在于母亲可以从孩子含混不清的言语中清晰地明白孩子的想法，孩子便会在母亲理解自己的行为后表现得很幸福，这也是很多保姆能够和孩子产生感情的原因。随着孩子慢慢长大，他们都有一种表达的愿望，他们渴望自己能够被外部世界倾听和接受。但当亲子沟通出了问题，孩子的表达不被关注，也不被理解的时候，他们就慢慢地开始封闭起来。

　　想获得良好的亲子交流有一个重要的前提条件，那就是双方地位要相对平等。父母不能带着先入为主的道德优势和知识优势与儿女交流。比如有的父母喜欢说："我是长辈，你就得听我的，和我拌嘴就是不尊重我。"有的父母很爱说："不听老人言，吃亏在眼前。我过的桥比你走的路都多，我吃的盐比你吃的饭都多。"如此一来，亲子交流很容易变成单方的灌输甚至是训诫而非真正意义的交流。孩子就无法从亲子交流中获得情感的抚慰与智慧的增长。给大家提供一个可以借鉴的案例，那就是古希腊哲学家苏格拉底的"精神助产术"。

这位伟大的哲学家的母亲是个接生婆，所以他将自己和别人的交流比喻为"精神助产术"，他从来不认为自己能够给别人传递思想，他只是那个给别人的思想"接生"的人。苏格拉底在同别人谈话、辩论、讨论问题的时候，往往采取一种特殊的形式。他不像别的智者那样，称自己知识丰富。相反，他说自己一无所知，对任何问题都不懂，只好把问题提出来向别人请教。但当别人回答他的问题时，苏格拉底却对别人的答案进行再追问，让对方意识到自己答案的局限。最后通过逐步启发，使对方得出一个相对理性而圆满的答案。但是苏格拉底却并不居功，他认为这个答案是对方心灵中本来就有的，他的作用，不过是通过提问帮助对方把观点明确而已。

举个小例子帮大家体会下苏格拉底的交流艺术。我的一个学生家长是大学教授，一次他和我抱怨他女儿的不懂事。他的女儿安排事情没有头绪，他发现了问题，批评了女儿并试图教给她关于时间安排的重要紧急四象限法则，即把事情按紧急与否、重要与否分为四类并具体分配时间与精力，但是女儿却是无动于衷，甚至有些不屑一顾。他很有挫败感。

听完后我笑着和他说，看来做基础教育你还是不专业啊。很多时候，我们其实没有必要和孩子直接讲做事的方法，没有人喜欢被人居高临下地指点。如果孩子面临一个具体困难，几个学习任务摆在面前，难以取舍，我们想教给他们时间安排的具体原则，只需要问他们几个问题就好了：

如果有几科的作业，上交期限分别是什么时候。如果有学科预习任务，看看第二天的课表顺序是怎样的。在你心中，几个学习任务哪个你更在乎些？

几句询问下来，孩子自然就会明白，不同任务的重要性和紧急性是不同的，于是他们就会掌握所谓的法则并逐渐学会自主而合理地安排时间了。

还有一个建议，那就是亲子双方交流的内容应该是全面而丰富多彩的，应该指向一个更大的世界，指向一个人的全面发展。换一个角度来说，交流的内容应该有父母关注的内容，也应该有孩子感兴趣的话题，还应该有父母基于更大的视野提出的有讨论价值的话题。

有很多家庭，亲子谈话的内容永远是父母在意而不是孩子在意的问题，比如说学习成绩。难道生活中就没别的维度吗？谈话内容单一的原因是父母总是站在自己的立场，只关心自己关心的问题，却忽视了孩子的问题，这最终一定会导致亲子沟通的不畅。很多在校园里面被欺凌的孩子往往在家里面亲子沟通也不畅，因为倾诉得不到回应，所以孩子选择了封闭，很多事情就沿着偏离的轨道愈行愈远。因此，随着孩子年龄的增长，对于他们所提起的，哪怕是班里同学之间琐碎的小事，我们也需要认真的倾听，然后沉静下来思考一下，看似轻描淡写的给孩子们一些意见。在这个过程中，我们和孩子之间的感情会变得更融洽，而且也可借机慢慢地引导我们的孩子，让他们变得更加成熟、稳定。很多时候，我们也可以就社会的热点或者某一篇我们和孩子共同读过的文章聊一聊，随意地谈谈各自的看法，增进彼此的了解，效果应该会不错。正所谓：随风潜入夜，润物细无声。

关于亲子交流，我们还要学会选择一个合宜的契机。

比如说交流的时间。据我了解，孩子最反感的就是家长在吃饭的时候谈学习成绩。仔细想想，也完全可以理解。一家人吃晚饭，菜很丰盛，妈妈夹一块牛肉给孩子说："多吃点。"孩子刚把牛肉放嘴里，妈妈接着说："吃完了就学习去，你那物理成绩怎么下降这么厉害！"你说孩子这口牛肉是吃还是不吃？在父母看来，吃饭的时候有时间，谈话最合适；但在孩子看来，父母的爱好像都是带着功利性，这让他们很不舒服。

再比如交流的地点。很多严肃的话题可以在家里的客厅里，大家坐下来认真地谈。但更多的交流其实应该是轻松而自然的。比如说我们可以饭后和孩子在小区里或者公园里散散步，随便聊几个话题，比如社会上发生的事，自己读的书，学校里发生的好玩的事等。对孩子提起的话题，一定要保有兴趣地追问，哪怕是装出有兴趣的样子。

其实亲子关系处理得好坏，责任更多的在父母。因为天然的局限，孩子很难体会到父母的感受，再加上一颗充满着力量与冲动的心，所以孩子永远是叛逆的。这就是一个历史的循环，父母和师长考虑的永远是孩子要融入社会的社会化过程，而孩子考虑的则更多是自己的天性与个性的张扬，这是一对永恒的矛盾，只是矛盾双方会转换而已，曾经的孩子成了父母后就变了，就站在了自己曾经的对立面。

每个人终究都要经历一个社会化的过程，这个过程有摩擦与痛苦，也会有幸福与成就感。只是希望在孩子青春期这样一个阶段，我们做师长的要多些耐心与包容，用理解去缓解孩子青春期的焦躁，让孩子能够更合理地以更小的代价进入到社会主流的轨道中，这是我们应该承担的责任。我们应该避免让孩子承受我们曾经受过的伤害，这是师长的善良，也是我们因岁月沧桑而涵养出的智慧。

5. 让孩子保有一颗渴望归家的心

　　中国目前空巢老人越来越多，这已然成为了一个不容忽视的社会问题。空巢老人的孤独、失落与无助令人难过。

　　空巢现象是时代变迁的结果。中国从传统的农耕时代转向工业时代，以土地为基础的大的家族聚居开始解体。人们围绕工厂建立城市，很多的人脱离土地，从事工业或者服务业，组成了新的社群。很多父母和儿女的分离也成为了自然而然的事情，因为父母在乡村，而儿女却在城市。再者，现在是一个开放的世界，中国需要向更发达的国家学习，所以年轻人留学海外或者定居海外已经变成了一个很平常的选择。父母和孩子的分离可能就是更远距离的隔海相望了。

　　面对时代潮流，我们只能顺应，却没有办法逆潮流而动。但是，我们需要做出调整，为了老人，也为了我们自己。终究有一天，我们都会老。

　　国家在追求社会经济发展的同时也要关注国民的幸福感。家长在望子成龙、望女成凤的同时也需要赋予儿女们一颗渴望回家的心。当有一天，孩子们出人头地，远走高飞，这颗心就会成为对抗分离、温暖彼此的重要力量。如同幼鸟离巢，它们始终怀着对家的眷恋，渴望归巢。

我们怎样做，才能够给孩子一颗炽热而渴望回家的心呢？或者说，孩子原本就有这样一颗心，我们应该如何呵护他们善良的初心呢？

一个人是在被爱的过程中学会爱的。**我们需要让孩子体会到我们的爱，让他们因为我们的爱感到温暖与安全，从而对家庭产生浓厚的依恋。这种依恋与能力无关，只是一种情感层面的无法回避的需要。**

可能很多家长都觉得非常冤枉，因为他们都非常爱孩子。但问题是，爱不能只是单方的主观情感，我们要考虑到双方的感受。家长爱孩子，但是孩子是否能够体会到家长的爱，这就是一个值得思考的问题了。**爱是双方的事，我们不能对孩子一厢情愿地付出爱，我们需要了解他们的感受。**

很多家长陪伴孩子的时间远远不够，所以会用物质层面的付出来表达爱。这是一种方式，但对于孩子而言，其实他们对物质层面的满足并不敏感，他们需要的是陪伴与理解，陪伴才是最长情的告白。

和传统农耕时代的孩子相比，现在的孩子拥有了更好的物质条件，更好的科技手段，但是他们依然有着属于他们的伤痛，那就是他们过早地经历了亲子分离，这会让他们的内心产生焦虑。在工业时代，女性大多都走出家门，从事社会工作，所以分离不可避免。但农耕时代则不同，妈妈通常会在家庭之中照料孩子，并不外出工作，她们对孩子的陪伴是稳定而绵长的。大家切莫看轻了这些寻常的亲子陪伴，尤其是在孩子年幼之时的陪伴，这些陪伴会带给孩子稳定的安全感，也会让他们和家庭建立更加温暖的关系。在他们的心目中，家是温暖的港湾。这是一种真实的从内心涌出的感受，而不是一句毫无感情的程式化的赞美。

再者，有些亲子陪伴的问题不仅是时间不够，且陪伴的质量也不高。中国古人很看重亲子陪伴的质量，所以古人看重家风，看重婚姻中的门当户对。因为女性家族的家风会影响到孩子母亲的素质，而母亲的素质则直接会影响到孩子。我们回顾历史，就会发现很多伟大的人物背后往往都会有非常伟大的母亲：孟子的母亲为了自己的孩子求学，三次搬迁；欧阳修的母亲芦荻教子；苏轼的母亲陪苏轼读史书，鼓励孩子堂堂正正做人……所以说，家庭中亲子陪伴的质量与孩子是否成才有着很大的关联。

有些家长朋友对孩子的要求过于严苛，尤其是在学业方面，超越了孩子的身心承受能力，影响了亲子关系的和谐与圆融。当然这些家长同样深爱着自己的孩子，也正因为爱之深，所以责之切。但问题在于，家长一片苦心，全力以赴，孩子却不怎么领情，而且，他们的内心往往还会缺少一份对家庭的热爱与依恋，因为他们会觉得父母对自己的爱是有条件的。甚至有孩子会认为，爱不过是一种交换，他们需要用好成绩以及其他好的表现方能换来父母的爱，这是一种可怕的理解，因为父母对于子女的爱是无私的，是纯净的，是无条件的。

为什么会有这样的反差呢？问题的关键在于孩子的视角与父母的视角不同。父母在成年人的世界里看到了生活的不易，看到了竞争的残酷，甚至是世态炎凉，心中充满焦虑：如果孩子缺少足够的实力，那么他们未来的生活就会很艰难。于是父母便开始关注孩子的学业成绩，很多要求甚至超越了孩子的承受能力，并告知孩子这都是为他们好，如果现在不努力，将来后悔就来不及了，这一切在父母心中都合情合理。但是孩子对成人世界却没有切身感受，于是他们便觉得父母过于苛刻，不像以前那样爱他们了。**我们可以评价孩子们幼稚，但是他们心中的失落与伤痛却是真实的。当孩子们长大，即便他们在理性上能够体谅父母的做法，但是情感层面的伤痕却很难修复。**

孟子有云："古者易子而教之，父子之间不责善。责善则离，离则不祥莫大焉。"中国人有易子而教的传统，因为在传授知识和技艺的过程中，难免会有一些训斥与苛责，如果这份苛责导致父子关系出现了疏离，那就得不偿失了。不是学习不重要，而是亲子关系的温暖更加重要而已。凡事都要有个权衡。

我们需要增加陪伴孩子的时间，提升陪伴孩子的质量，学会理解并包容孩子，让孩子能够体会到来自父母和家庭的爱，并产生一种对于家的依恋。

孩子需要在被爱中学会爱。孩子在被爱的过程中体会到了爱的温暖，然后学着去爱，这只是爱的教育的一个方面。还有一个方面或许更为重要，那就是我们需要引导孩子在付出爱的过程中学会爱，让爱成为一种生命本能，成为一种生命习惯。因为我们发现，很多时候，一个人是在付出爱的过程中学会爱的。在这方面，我们现在的家庭教育存在的问题更大。

我们很多父母奋不顾身地爱着自己的孩子，很少要求孩子承担相应的责任。但是承担责任是孩子逐渐成长为一个真正意义上的人所必经的路径。**父母对于子女的过分保护与替代，会让他们缺乏存在感与成就感，没有承担责任的动力，甚至还有可能失去承担责任的能力。**

我来讲个故事。

小明很懂事，很听话，学业很优秀，一直是父母的骄傲。他按照父母的要求上进努力，成就了自己，也报答了父母。

高中毕业了，小明要去美国留学，但家里发生了些变故，经济已然不是很宽裕，几番权衡，小明还是选择拿着父母借来的钱去了美国……

在美国，小明玩命地学习，学业很不错，但是几年都没能回来，因为来回的机票太贵……

过了几年，小明在美国工作了，工作很出色，也还上了当初自己上学欠的债，还给父母寄了很多钱，他依然是父母的骄傲。但是他很少回来，因为正是事业上升的关键期，他太忙了……

再后来，他在美国成家了，妻子是同学，一切都很好，也有了孩子。不变的是，他回来的还是很少，因为孩子太小，路程远，回来太折腾……

小明的父母依然是大家羡慕的对象，但是他们慢慢老了，也难免有些孤苦，因为小明不在身边。

这不是一个完美的故事，但似乎没有人犯错，责备小明不合适，批评父母更是不合宜，但问题的确存在着。

我想，问题还在于起点。我们需要孩子们学会奋斗，能够独立而有尊严地生活，于是我们给孩子埋下了一颗"奋斗"的种子，然后孩子们学会了奋斗；然而，同时我们需要赋予"奋斗"一个灵魂，

"奋斗"只是一个路径而已，"奋斗"本身并不是目的。我们奋斗是为了实现我们自身生命的可能性，我们奋斗是为了更好地去爱，爱家人，爱社会，为了更美好的未来去打拼。问题的关键在于"爱"，而不在于"奋斗"本身，更不在于"奋斗"所创造的那些外在的业绩。

我们要让孩子意识到孝顺父母以及承担对家庭的责任是他们一生当中最重要的事情之一。爱是目的，能力的增长不过是手段而已，我们不能在手段和目的之间跑偏。人生需要能力的增长，人得上进，但是如果单纯追求上进，却不知道上进的目的是什么，只是为了奋斗而奋斗，这种奋斗是麻木的，是没有灵魂的。

很明显，小明的父母给了小明一颗"奋斗"的种子，但是好像并没有很在意"爱与付出"这粒种子的播种与呵护。他们对于"奋斗"过分强调，却将"爱与付出"的种子忽略了，没有很好地照料，最后，"爱与付出"死掉了，仅留下了耀眼但孤单的"奋斗"扎根在小明的心里。

所以我想，在我们的家庭教育中，我们要理直气壮地要求孩子去爱家人，用实际行动爱家人，或者说，我们不要剥夺孩子爱家人的时间与机会。因为这些行动就是"爱与付出"的种子，它们会慢慢长大，直至枝繁叶茂，到那时，不管孩子走多远，他们的心中都会有一份对父母和亲人的思念与牵挂。这样一份思念与牵挂应该简单而绵长，是一种生命直觉，从心中自然流淌而出，不能自已，而

不是外在舆论引导或者内在逻辑推理的结果。

如果孩子从很小的时候就养成了一个在除夕夜为家人做一个菜乃至做一顿饭的习惯，那么将来或许就会有这样的场景：孩子辛苦打工，就是为了攒钱买一张机票，飞回家为父母做一顿年夜饭。这不仅是孩子对父母的爱，也是孩子内心的渴望，是孩子心中难以抑制的一种生命冲动。只不过这样一种冲动以一个寻常的生活场景作为载体而已。但是，如果没有这种形成了生命惯性的生活场景，那份深沉的爱又该如何生发出来呢？

中国人重视伦理亲情，追求美好的天伦之乐。我们要继承优秀的价值观，结合现实问题去反思调整。我们应该简单而纯净地爱我们的孩子，我们也应该要求孩子用实际行动去履行自己的道德义务。孩子保有一颗炽热而渴望归家的心，父母的未来就会很温暖，人类社会就会很有尊严。

推荐阅读：

1.《爱是一场渐行渐远的分离》：周国平、毕淑敏等著 长江文艺出版社 2014 年

2.《我们仨》：杨绛著 生活·读书·新知三联书店 2003 年

3.《目送》：龙应台著 广西师范大学出版社 2014 年

4.《爱与孤独》：周国平著 人民文学出版社 2009 年

5.《麦田里的守望者》：J.D. 塞林格（美）著 施咸荣译 译林出版社 2014 年

6.《幸福与教育》：内尔·诺丁斯（美）著 龙宝新译 教育科学出版社 2014 年

7.《超越自卑》：A·阿德勒（奥）著 徐家宁 徐家康译 吉林人民出版社 2008 年

第四讲

曾国藩给孩子的悄悄话

　　曾国藩是中国近代政治家、理学家、文学家，湘军的
创立者和统帅。作为晚清重臣，他政务繁忙，但是他依然
很关心自己孩子的成长。由于他长期在外，因此这样的一
种关心更多是以他和孩子的书信往来体现出来的。他和孩
子的书信来往很频繁，有时两封信的间隔只有四天，也就
是他在没有收到孩子回信的时候就又寄出了下一封信，间
隔长的也不过两月左右。考虑到当时的邮政效率，再考虑
到曾国藩的工作繁忙程度，单就书信来往频率看，他真的
是位负责任的父亲。后来李鸿章兄弟将曾国藩给孩子的信
做了编纂整理，统称为《曾文正公家训》。

　　曾国藩曾在给弟弟的家书中写道："吾细思凡天下官宦
之家，多只一代享用便尽。其子孙始而骄佚，继而流荡，
终而沟壑，能庆延一二代鲜矣。商贾之家，勤俭者能延
三四代；耕读之家，谨朴者能延五六代；孝友之家，则可

以绵延十代八代。"曾国藩将家庭分为四种：官宦之家，一代便可能将福分都享受完了；商贾之家，勤俭的话可保持三四代的福分；耕读之家若谨慎朴实可有五六代的福分；而孝友之家可将福分绵延至十代之久。

所以曾国藩说："此时虽在宦海之中，却时作上岸之计。"他的理想是构建耕读之家和孝友之家，传承良好的家风，保证家族兴盛，绵延不绝。为此，曾国藩在繁忙的公务之余给自己的弟弟和儿子写了很多的家书，和他们沟通修身齐家的具体事务。最终，曾氏家族也是长盛不衰，人才辈出，没有辜负曾国藩的期待。曾国藩的家书好比他跟孩子的悄悄话，我们能够从中学到他作为父亲的成功之处。

1. 格局要大

咸丰八年八月，曾国藩的儿子曾纪泽第一次参加科举考试，他给儿子写了一封信，信中说：

"今年初次下场，或中或不中，无甚关系，榜后即当看《诗经注疏》，以后穷经读史，二者迭进。"

大意是说："儿子，今年你是第一次参加科考，考上考不上都没有什么关系，出了成绩以后你就赶紧看《诗经》的注疏（就是前辈学人关于《诗经》的一些注解）。以后你还是要多读经，多读史，二者要齐头并进。"

看到这封信，我想到了另外一位大儒：王阳明。王阳明年少时问他老师什么是第一等事，老师的回答是"读书做官"，而王阳明的回答则是"读书做圣贤"。后来王阳明在参加科考落第的时候，身边有人因为落第而痛哭，他则说，世间人以科举失利为耻，而我却认为，因为科举失利而痛心是一种耻辱。因为在王阳明的心中有更大的追求，故而不会纠缠于小的得失。

《论语》云："士志于道，而耻恶衣恶食者未足与议也。"

意思是说："如果一个读书人立志追求人生之大道，但是他却依然以衣服的破烂和饮食的低劣为耻，那么他这样的人就实在不值得一理了。"这句话同样是在强调人生格局的重要性。

再回到曾国藩的信，我们会发现，**相比于科举的成败，曾国藩更看重的是儿子学业真正的精进，做官是一时一地的事情，但是读书修身却是一生一世的事情。**这其中的轻重，曾国藩很清楚，而且立场很坚定。大家或许会觉得，曾国藩已然位极人臣了，所以他才不在乎儿子的科举成绩，毕竟，他不用担心孩子的前程。那我们再来看两封信，早在咸丰六年，他在信中告诉自己的儿子：

"凡富贵功名皆有命定，半由人力半由天事。唯学做圣贤全由自己做主，不与天命相干涉。"

曾国藩认为，有关富贵和功名的获取，一半是人的力量，另一半则是天意；但是学做圣贤那就是完全可以由自己做主，和天意不相干了。

咸丰十一年，他给儿子写信："遭此乱世，虽大富大贵已靠不住，唯勤俭二字，可以持久。"

意思是说，现在正值乱世，大富大贵也靠不住，只有依靠勤俭，家族方能真正长久。"

这样的内容在通信中很常见，包括他会告诫家中的女眷，衣服不能奢华，要每日织布，要经常下厨房，会做小咸菜等等。

通过这几封信件，我们可以看出曾国藩本人的生命格局。他不拘泥于一时一地的得失，他更看重一生一世，科举只是一时之事，学问则是一生之事。而且他沉稳大气，居安思危，活得相当通透达观。

更值得我们注意的是，曾国藩的人生格局深刻地影响了他的孩子以及更多的后辈，成就了曾氏家族的家风。所以说，我们在和孩子沟通的时候要拥有一个大的生命格局。

《庄子·逍遥游》中有云："且夫水之积也不厚，则其负大舟也无力……风之积也不厚，则其负大翼也无力。"

水不够深，大船无法航行，风不够大，大鹏就很难乘风扶摇直上九万里。庄子的话在指向鲲鹏的变化成长：若水不够大，则养不了鲲；鲲化为鹏，若风不够大，大鹏也难以展翅高飞。或许，这个鲲鹏可以比喻成我们的孩子，水和风就比喻孩子所处的环境，这个环境就是父母师长所营造的。**如果父母格局不够大，孩子即便有那样的天赋，也难以展示出来。为人师长，不可不慎。**

2. 平等交流

从咸丰十年到咸丰十一年，曾国藩给儿子大概写了十封家信，这段时间，他在前线和太平天国军作战，其中战局风云变幻，他的压力很大。有意思的是，他在信中和20岁左右的儿子谈起了很多战局方面的情况。

咸丰十年十月十六日，他给儿子写信说："余以初九日出营，至黟县查阅各岭，十四日归营，一切平安。鲍超、张凯章二军，自廿九、初四获胜后未再开仗。杨军门带水陆三千余人至南陵，破贼四十余垒……"

大意是说，他初九出军营到黟县查看军情，十四日回到军营，一切平安顺利。鲍超和张凯章两支部队从二十九日和本月初四获胜后就没有再开打。杨军门带领水军陆军三千多人到达南陵，攻破太平天国军堡垒四十余座……

咸丰十年十一月初四，他在信中提到："余日内平安，鲍、张二军亦平安。左军廿二日在贵溪获胜一次，廿九日在德兴小胜一次，然贼数甚众，尚属可虑。"

他和儿子报了平安，还和儿子交流了军务，提及说，鲍将军和张将军两支部队也很平安。左将军的部队上月二十二日在贵溪打过一次胜仗，二十九日在德兴小胜一次，然而敌军数量还是很多，很是让人头疼。

咸丰十一年正月二十四，他写信给孩子再次谈及军务："日内祁门尚属平安。鲍春霆自初九日在洋塘获胜后，即追贼至彭泽。官军驻牯牛岭，贼匪据下隅坂，与之相持，尚未开仗。日内雨雪泥泞，寒风凛冽，气象殊不适人意。伪忠王李秀成一股，正月初五围玉山县，初八日围广丰县，初十日围广信府，均经官军竭力坚守，解围以去，现窜铅山之吴坊、陈坊等处。"

意思是说，近日祁门还算平安。鲍春霆初九在洋塘获胜，追击敌军到达彭泽。官军在牯牛岭驻扎，敌军占据下隅坂，双方对垒，尚未开战。这几天雨雪交加，地面泥泞，寒风凛冽，气候条件不合人意。伪忠王李秀成的一支部队，正月初五包围了玉山县，初八包围了广丰县，初十包围了广信府，但是官军竭力坚守，敌军攻打不下，现已流窜到铅山的吴坊和陈坊等地方。

曾国藩作为当时的封疆大吏，政务、军务繁忙，还能够抽空给儿子写信，着实令人佩服。**在这样的交流过程中，孩子也能够逐渐理解**

父辈的艰辛、苦楚与无奈。随着对父辈的理解，他们也会慢慢长大，一个方面他们会试着承担责任，能够更多地理解和体谅父母，另外，他们自己也会通过和父辈的交流慢慢地了解外部世界，形成一个更大的生命格局，因为他们比同龄人更早地接触到了更大的世界。

同治元年闰八月二十四日，曾国藩在给儿子曾纪泽的信中提到："余近日癣疾复发，不似去秋之甚。眼蒙则逐日增剧，夜间几不复能看字。老态相催，固其理也。"

老父亲对儿子说："我最近的皮肤癣又犯了，不过不像去年秋天那么厉害。但是我的眼病却逐渐加重，晚上光线暗的时候几乎都看不见字了。其实也是正常规律，毕竟人已经老了……"

读到这里的时候，心里有一种说不出的酸楚。曾国藩平淡而达观的语言背后分明隐藏着失落与真情，还有隐隐的期待。不管一个人多么强大，他终究还是会老的。当父母跟你说他们老了，其实潜台词就是你已经长大。**父母的一种若有若无的、隐隐约约的后退和示弱，其实是在提醒孩子，希望他们尽快成熟，逐步走向前台。**

在曾国藩和儿子谈起自己的军务、自己的失落与悲伤的时候，儿子自然会因为父亲的状态而意识到自己生命角色的变化，从而意识到自己的责任，更快地成长。而且，父亲面对生活所体现出的那种达观是非常鲜活的，并没有刻意地说教，这反而会对儿子产生更深刻的影响。我想，**曾国藩给儿子写信有出于教育的目的，但更多还是真实而自然的情感流露。封疆大吏也是一位寻常的父亲，一位寻常的老人而已。**

与之相比，我们今天很多父母的行为就值得反思一下了。很多父母总是把自己的孩子封闭在一个小的世界里，对于家里发生的变故，总是以一种保护的姿态将孩子屏蔽在外：那是大人的事，你们什么都不用管，你也管不了，你好好读书就行了。我们认为这样的姿态是一种爱：孩子，你就安心地生活，我们会替你扛起这些所谓的人生的风风雨雨，这是我们长辈的责任。

这样的爱很累，然而这样的爱却未必能够带来好的教育效果。因为这背后的潜台词就是："你只是个小孩，这些你都管不了。"我们在过分保护孩子的同时也变相贬低了我们的孩子，这是一种充满温情的歧视。于是，孩子的能力始终没有什么长进，更可怕的是，很多孩子还没有感恩之心，因为他们根本就不知道父母面对这个世界有多么不容易。

概括来说，曾国藩在跟孩子交流的过程当中，他能够跟孩子平等交流，这背后其实是对孩子的尊重。因为这样一份真实的交流让孩子明白了世界的复杂，也知晓了父辈的艰辛，当然孩子的能力就会增强，也会有我们期待的感恩之心。

3. 真诚对话

前面提到曾国藩和儿子交流的过程很平等，这已经有些出乎我们意料了，但还有更让我们"大跌眼镜"的，那就是曾国藩在给儿子的信中还经常开展自我批评，而且批评得相当深刻，不给自己留情面。

咸丰九年，曾国藩在给当时 20 岁的儿子的信中写道：

"余生平坐无恒之弊，万事无成。德无成，业无成，已可深耻矣。逮办理军事，自矢靡他，中间本志变化，尤无恒之大者，用为内耻。尔欲稍有成就，须从有恒二字下手。"

在信中，曾国藩在儿子面前做了自我反思，并对孩子提出了期待："我这一辈子因为没有恒心，所以万事无成，德行方面不成，事业也无成，真的感觉很羞耻。自处理军务以来，我立志不移，但过程中还是有些没落实，真的是很惭愧。如果你要想取得哪怕小小的成就，也要从'有恒'二字入手。"

这不是他第一次和孩子谈及自己的"无恒"这一缺点。早在咸丰八年八月的一封信中，他就曾细致地谈到了自己包括"无恒"

在内的三大耻辱:"余生平有三耻:学问各途,皆略涉其涯涘,独天文、算学,毫无所知,虽恒星五纬亦不识认,一耻也;每作一事,治一业,辄有始无终,二耻也;少时作字,不能临摹一家之体,遂致屡变而无所成,迟钝而不适于用。近岁在军,因作字太钝,废阁殊多,三耻也。尔若为克家之子,当思雪此三耻。"

大意是说:我平生有三个耻辱:我虽然各种学问都有所涉猎,但是唯独对于天文和算术之学一窍不通,这是第一个耻辱;我干事情总是有始无终,没有恒心,这是第二个耻辱;我写字不能够专注地临摹一家书体,导致自己的字写得也不咋地,这是第三个耻辱。儿子你若有担当之心,要想着替我雪此三耻。

曾国藩面对孩子谈及自己的短处,能够这么坦率直接,的确令人佩服。于私,他是个父亲,有家长的尊严;于公,他当时是两江总督,朝廷重臣。他比很多父亲都有资格要面子,可是他没有,他很自然地说着自己的缺点,然后马上对孩子提出他自己的期待。值得我们注意的是,他的儿子并没有对自己的父亲有任何不敬,而是按照父亲的期待努力地学习,曾纪泽的天文、算学造诣远胜于自己的父亲,而曾国藩的小儿子曾纪鸿更是晚清有名的数学家。

这就提醒我们要去思考一个问题:作为师长,我们如何在孩子面前去谈及自己的过失和缺点,我们需不需要掩饰?或者说,家长的权威,师道尊严,是通过什么体现出来的?

从曾国藩的做法来看，面对孩子，或许真诚是一种最平实的教育智慧。我个人觉得，亲子关系和师生关系的最高境界就是真诚。在我们和孩子们交流的时候，可以很自然地谈及很多事情，包括自己的遗憾与后悔。

一个好老师，他的教育行为毫不做作，举手投足，一举一动都是教育，都很自然。教师自然流露的一切，都能够对孩子有很好的教育意义。面对我的学生，我也曾经有无力感，也曾经因为极度悲伤而哭过，现在想来都有些不好意思。但在当时当地，我的学生都没有嘲笑我，而且我还能够感觉到他们心中的歉意。又想起了关于印度圣雄甘地的一个故事：

甘地年轻的时候，曾经偷了他哥哥一块金表，后来由于内疚，他跟父亲坦白了。父亲没打他，但父亲很伤心地哭了，因为自己的儿子所犯下的错误。甘地后来说，父亲的泪水洗涤了他的心灵。这也影响了甘地后来的政治主张：非暴力不合作运动。

当然，不管是我的故事还是甘地的故事，都有一定的偶然性。不是说每个人面对这样的场景都会产生同样的反应，所以我们不能得出一个必然推论。但是这些例子包括曾国藩的例子都可以给我们一个启发：当你真正爱孩子的时候，你所谓的脆弱并不会被孩子利用，反倒会真正触动孩子。感情到了，教育就会变得简单。

4. 珍惜传统

曾国藩在给孩子写信的时候，经常会提及自己的父辈，提及曾氏的家风。

咸丰六年九月，曾国藩给儿子写信："早晨要早起，莫坠高曾祖考以来相传之家风。吾父吾叔，皆黎明即起，尔之所知也。"

意思是说："你早上要早起，要传承我们曾氏几代的家风，我父亲、我叔叔都是天刚亮就起床的，这你是知道的。"

咸丰九年十月，曾国藩在给儿子的信中写道："吾得见竟希公、星冈公皆未明即起，冬寒起坐约一个时辰，始见天亮。吾父竹亭公亦甫黎明即起，有事则不待黎明，每夜必起看一二次不等，此尔所及见者也。"

他再次强调希望儿子早起，苦口婆心地说："我太爷爷、爷爷都是天不亮就起床，冬天的时候他们起床后一个时辰天才亮，这是我亲眼所见；而我父亲也是天一亮就起床，有事的时候都等不及天亮，一个晚上要几次起来看时间，这是你亲眼所见的。"

曾国藩很崇拜自己的爷爷。他的爷爷名曾玉屏，号星冈。他经常和儿子提及自己的爷爷。咸丰九年，他在给儿子信中说：

"余尝细观星冈公，仪表绝人，全在一重字。余行路容止亦颇重厚，盖取法于星冈。"

曾国藩认为星冈公仪表超绝的一点就在于稳重。并将自己的言行稳重归因为是向爷爷学习的结果。

咸丰十年，他在信中提道：

"昔吾祖星冈公最讲求治家之法，第一起早，第二打扫洁净，第三诚修祭祀，第四善待亲族邻里。……此四事之外，于读书、种菜等事尤为刻刻留心，故余近写家信，常常提及书、蔬、鱼、猪四端者，盖祖父相传之家法也。"

意思是说："我祖父最重视治理家庭的方法，第一是早起，第二是内外的整洁，第三是要重视祭祀，第四是要善待家族和邻居……除了这四件事外，他还特别重视读书和种菜等事情，我最近写信，经常提到读书、种菜、养鱼、养猪四件事，就是从祖父那里继承来的治家的方法。"

如上所言，曾国藩在给孩子的信中不单只提自己的期待，往往也会提到自己的祖父、父亲、叔叔等长辈的做法用来教育孩子。他传递给孩子的不仅仅是自己的想法，也包含了家族一脉相承的价值观念。因此，这样一份教育就愈发深沉而厚重，这也是我们今天社会非常关注的家风传承。

所谓家风，就是一个家族的传统。传统之所以重要且有力量，就在于传统背后厚重的时空。当人们能够意识到自己是家族中的一员，是绵延不绝的家庭血脉上的一段的时候，他们首先会产生一种归属感，会感觉到温暖。他们便不再孤独，他们的生命有来处，也有去处。再者，他们会产生一种责任感和崇高感，进而会产生严格的自律和奋发有为的行动力。他们会觉得："我"的成就不仅是"我"一个人的问题，还事关一个家族的荣光；同样的道理，"我"的耻辱与堕落，也不仅是"我"一个人的问题，还可能会让整个家族蒙羞。如此一来，个体的生命就不再轻飘飘的没有着落，而是与更大的时空、更多的亲人相关联，从而变得厚重而深沉。

因此，我们与孩子进行沟通的时候，也应该借用这份厚重。这份厚重，并不是某些特殊家族的专利，而是所有家族都拥有的资源。因为不管是豪门还是平民，人生的代际传承都是客观存在的现象与事实。再寻常的家庭，都一定会有故事，而且一定会有值得讲的精彩故事。这个故事不见得惊天动地，但会蕴含着这个家庭最朴素的价值判断，延续着家族的精神血脉。

我们要讲家族的故事，我们要传承家风，最重要的角色莫过于家中的老人。他们应该扮演着"活化石"的角色，讲述着家族美好的故事，守护着家族的老规矩，传递着一个家族的价值判断。

但是反观当下，老人的角色功能被固化在一些世俗的事务当中，接送照料孩子，做做家务等。其实，老人之于一个家庭的价值远胜于此，他们的存在和他们所经历的故事，是家庭教育中重要的资源。而他们的经历和故事能够发挥作用的前提条件在于家庭要营造一种尊重老人、尊重岁月的氛围。和古人相比，我们对老人的衣食照料还算是精细，但是，敬重老人、敬畏沧桑则略显不足。

当老人讲起过去的事情，我们应该能够尊重并聆听，我们的孩子也会学着我们在聆听并回应。不管讲什么，单想想这画面，就会让自己的心变得很柔软。我们就这样一代一代地听着故事、讲着故事，那才是真正的岁月静好。所以，我们要珍惜老人和他们的故事，去思考和提炼他们的人生智慧，这就是家风传承的根本。

5. 严谨细致

　　曾国藩还有一个让人特别佩服的地方，那就是他的严谨和细致。他在信中给孩子布置任务，一定会把要求说得很详细，很明确，而且后期会有跟踪反馈。对于孩子做得好的，他会鼓励；做得不好的，他会批评并加以督促。

　　他如果指导孩子读书，他会布置读什么书，怎么读，很明确。如果孩子在信中没有汇报自己的任务完成情况，他会追问并且有责备之语。

　　咸丰八年七月，他给儿子写信说：

　　"读书之法，看、读、写、作四者，每日不可缺一。看者，如尔去年看《史记》、《汉书》、韩文、《近思录》，今年看《周易折中》之类是也。读者，如"四书"《诗》《书》《易经》《左传》诸经……至于写字，真行篆隶，尔颇好之，切不可间断一日，既要求好，又要求快……至于作诸文，亦宜在二三十岁立定规模……"

大意是："关于读书的方法，看、读、写、作四者缺一不可。看指的是默看《史记》《汉书》等；读指的是诵读《四书》《诗经》等；写指的是写字，每日不可间断，要写得好而且快；作就是要尝试各种文体的创作……"

十几天过后，儿子回信提到读《四书》没有心得，他立马告诉孩子原因："汝读四书无甚心得，由不能虚心涵泳，切己体察。"

告诫儿子将书的内容结合自己的生命经历去体会，然后他还与儿子分享了自己读书思考的经验，真的是一个很暖心的爸爸。

咸丰八年十二月三十日，他在信中和儿子说："余前有信教尔学作赋，尔复禀并未提及，又有信言涵养（泳）二字，尔复禀亦未之及，嗣后我信中所论之事，尔宜一一禀复。"

很明显，对于父亲提的具体建议，儿子并没有及时反馈，因此，曾国藩在信中马上追问，前面我写信教你如何写赋，你现在回信也没和我提这件事啊。还有我前面提到的"涵泳"二字，你也没有和我回复你的体会，以后我在信中和你交代的事情，你要一一回复我。

曾国藩让儿子去学天文，孩子学了并在信中汇报了自己的学习成果，他非常开心。咸丰八年十月他在信中表达了自己愉快的心情："尔看天文，认得恒星数十座，甚慰甚慰。"孩子在天文方面取得了一点成绩，曾国藩就及时予以反馈，丝毫不掩饰自己的喜悦之情。

曾国藩认为他的儿子曾纪泽有一个很大的问题就是容止甚轻，不够厚重沉稳。因此他多次在信中提醒自己的儿子要注意这一问题。

咸丰九年十月十四日，他直指儿子的问题："尔之容止甚轻，是一大弊病，以后宜时时留心。无论行坐，均须重厚。"

大意是："你的容止过轻，这是你的一大毛病，以后一定要时时留心，坐立行走，都要沉稳厚重。"

咸丰十年四月初四，他告诉儿子："吾于尔不放心者二事，一则举止不甚厚重，二则文气不甚圆适。以后举止留心一重字，行文留心一圆字。"

意思是说："我对你最不放心的事有两件：第一，举止不够厚重；第二是文章的文气不够圆适。以后行为举止要注意一个'重'字，写文章留心一个'圆'字。"

同治元年十月二十四日："尔近日走路身体略觉厚重否，说话略觉迟钝否。"这是曾国藩在家信中对儿子这一缺点的最后一次提醒，此后一直到他去世就没再提相关的事情，或许是他认为儿子已经改掉这一缺点了吧。统计下来，他在信中就这一问题前后提醒了孩子十一次之多。想想就佩服不已，一个公务繁忙的封疆大吏会就孩子的一个问题这么持久地关注督促。

感触之余也颇受启发，我们为人师长者，也必然会批评孩子，但有几点需要我们反思：第一，我们对孩子的批评是否精准，我们对孩子要求的落点是否够细，是否可操作？第二，我们布置了任务，有没有跟踪反馈，孩子做得好，我们是否发现了并表扬，孩子做得不好，我们是否发现了并提出批评？在孩子改正一个问题很缓慢的时候，我们有没有温和地坚持，一遍一遍，不厌其烦地和孩子沟通。想想人家曾国藩，政务繁忙中尚且能够做到，我们似乎没有理由掉链子，唯有勤勉上进方为正途。

说到这儿，大家可能还是会觉得曾国藩是一个比较容易板着脸的人。再分享两封他给儿子的信，大家则会看到曾国藩的另外一面。

同治四年九月，曾国藩给儿子曾纪泽和曾纪鸿写信：

"张文端公（英）所著《聪训斋语》，皆教子之言。其中言养身、择友、观玩山水花竹，纯是一片太和生机。尔宜常常省览。鸿儿体亦单弱，亦宜常看此书。……以后在家则莳养花竹，出门则饱看山水，环金陵百里内外，可以遍游也。算学书，切不可再看，读他书，亦以半日为率。未刻以后，即宜歇息游观。古人以惩忿窒欲为养生要诀。惩忿，即吾前信所谓少恼怒也；窒欲，即吾前信所谓知节啬也。因好名好胜，而用心太过，亦欲之类也。药虽有利，害亦随之，不可轻服。切嘱！"

他叮嘱儿子们："张文端公（张英，康熙年间名臣）写的《聪训斋语》，都是一些教育孩子的内容，其中谈到养生、择友还有游玩山水花竹的内容，都渗透着浓浓的生机，你们要经常看看。鸿儿（曾纪鸿）体弱单薄，也要经常看看这本书。以后在家要养养花，种种竹子，出门就要多看山水，围绕南京方圆百里之内，尽量看遍。关于数学的书，不要再看了，其他的书，最多也就是看个半天就行了。下午三点钟以后，就要休息放松了。古人以'惩忿窒欲'作为养生的要诀，'惩忿'就是不要轻易恼怒，'窒欲'就是我和你们提到过的不能放纵欲望，不知节制。贪图名声，有好胜之心，从而导致用心过度，这也是一种要控制的欲望啊。药虽能治病，但'是药三分毒'，还是不要轻易吃药，一定要记住。"

同治四年十月初四，他给儿子曾纪泽写信说：

"张文端公《聪训斋语》兹付去二本，尔兄弟细心省览，不特于德业有益，实于养生有益。余身体平安，惟精神日损，老景逐增，而责任甚重，殊为悚惧。"

估计他是担心孩子们没有按要求看书，于是他买了两本寄过去并叮嘱孩子：

"张文端公的《聪训斋语》我买了两本寄给你们，你们兄弟俩要好好看看，不仅是对品德修养有益，更是对养生大有好处。我身体不错，就是精神头不如从前了，毕竟是老了，但是身上的责任却很重，心里着实紧张，压力很大啊。"

　　看到这里，相信大家会对曾国藩有更深的了解。他真的很了不起，不仅是因为他的学问和功业，还因为他作为父亲的温暖和负责。不管什么样的文化背景，父爱的光芒永远不能被遮挡。

推荐阅读：

1.《曾国藩家书》：檀作文译注 中华书局 2017 年

2.《傅雷家书》：傅雷 朱梅馥 傅聪著 傅敏编 译林出版社 2018 年

3.《梁启超家书》：梁启超 中国青年出版社 2009 年

4.《家世——百年中国家族兴衰》：余世存 中国时代华文书局 2014 年

5.《颜氏家训译注》：庄辉明、章义和译注 上海古籍出版社 2016 年

6.《德育鉴》：梁启超 北京大学出版社 2011 年

7.《精神明亮的人》：王开岭 书海出版社 2009 年

第五讲

向大师学教育

教育的本质就是一种交流。对于优秀的教育者来说，教育是一门关于交流和传递的艺术。这门艺术中，了解教育对象，把握交流契机或者创造适合交流的契机，都是非常重要的内容。

今天我们向两位大师借智慧，一位是至圣先师孔子，一位是前苏联著名教育家苏霍姆林斯基。他们未曾谋面，但我想，他们会是超越时空的知音，因为他们都是充满艺术气息的教育家，都是能够洞察人性并捕捉和创造交流契机的高手。

宋人陈藻《读史偶作》中有云：

千夫合作一贤人，合数贤人是圣神。

莫道眼前无孔子，一身散作万千身。

很独到的一首诗。孔子之精神智慧散入大千世界，无处不在。或许其中一份就落在了苏霍姆林斯基的心中，当然，或许还有一小份也落在了你我的心中。

1."识人"很重要

了解是爱的基础和前提。没有真正意义的了解，表扬就难免空洞，没有了解，批评也很难有分量。有时候，很多家长之所以在教育方面出现问题，根源就在于他们对孩子不了解。

《论语·为政》中有一句话：子曰："视其所以，观其所由，察其所安，人焉廋哉？人焉廋哉？"

大意是说：当我们去观察了解一个人，要看他做了些什么，但同时我们还应该注意几个问题：他为什么要做这件事？他用了怎样的方式做这件事？他做了这件事后，内心是一种怎样的状态？比如，做了坏事是否有后悔之意，做了好事是否有炫耀之心等等。如果我们关注到了这几个层次，这个人又如何能够隐藏自己呢？

孔子在这句话中用了三个动词：视、观、察。这三个动词是递进的，是越来越深入，越来越细致而精准的。

当我们想了解一个人的时候，通常我们仅仅是看这个人做了一些什么事情，根据获得的信息做出我们的判断。但我们获得的信息是不是真实而全面的，是否还有一些隐藏的不为我们所知的真相？所以，我们必须认真地观察，获取全面而真实的信息，我们的反应才有可能是准确的。教育更是如此，教育者对于教育对象的了解程度是影响教育质量的重要因素之一。

当孩子们犯了错误时，我们不能仅仅盯着孩子的错误，同时还要去了解错误背后可能隐藏的信息。我有一个学生从家中偷钱，给上学路上遇见的乞讨的残疾人；我有一个学生和同学打架，性格很温和的他那次表现得非常暴力，让我很是震惊，仔细了解情况，是因为同学对他骂脏话，侮辱到了他的妈妈，而他的妈妈当时正病重住院。错误的背后可能是善良，可能是正义感，也可能是伤痕。无论如何，我们都要透过表象看到更丰富更真实的信息，只有这样，我们才能更好地做教育。

其实，当孩子表现很好的时候，我们同样需要注意。因为，表现好的背后同样有着很多丰富的信息，说不定，这个好的表现就是虚假繁荣，好的背后同样有值得担忧的地方。坦白说，很多所谓的乖孩子背后也存在着很多的问题，但是家长和老师却很容易忽视，因为，我们会被孩子在成绩等层面的优秀迷住了眼睛，正所谓"一好遮百丑"。然而，问题不会因为我们的无视而自动消失，它会一直在，直至有一天，突然爆发，让我们意识到事情的严重性。

钱理群先生在讲到精致的利己主义者时举过一个例子。他说，有这么一个学生（钱先生说这是对一类学生的文学概括，并不特指某个人），上课每次都坐在前排，听讲特别认真，提问也非常到位。钱先生说他自己其实不太容易被学生打动，但这名学生真的是太棒了。几次课之后这个学生找到钱先生说自己要出国，希望钱先生能为他写推荐信。钱理群先生很有知名度，他的推荐信很有分量。钱先生欣赏他，于是就给写了推荐信。但写了推荐信之后，这孩子就再也没有来听过课。

钱先生很失落，他说："这是一个绝对的利己主义者，他的一切行为，都从利益出发，而且是精心设计，但是他是高智商、高水平，他所做的一切都合理合法，我能批评他吗？我能发脾气吗？我发脾气显得我小气，一个学生请你帮忙有什么不可以？这个学生有这个水平啊。但是，我确实有上当受骗之感，我有苦难言。"

或许这个孩子也是一个失败者，他的算计很精准，但是输了格局，他原本有更好的可能性。但问题是，这个孩子是如何养成这样一种性格的呢，我想，问题可能就在于他曾经接受的教育。当教育中，师长们只关注表象，只关注自己管理的效率，缺少情感的真诚，忽略了对于孩子内心情感的体察，孩子们也就一步步走向了功利和逢迎，毕竟，他们只是孩子。

所以说，在教育中，教育者一定要投入自己的真心，去把握教育的多层次真相，才有可能获得好的教育效果。

其实谈到教育效果的衡量，我们同样需要注意学生内心的状态。很多时候，我们付出了很多努力，结果似乎并没有什么不同，我们都会很失望。但是，其实我们的教育是有效果的，只不过效果表现在孩子的内心状态里。比如说有的学生尽管没有改正错误，但却因为自己的错误而充满了愧疚与不安，这也是教育效果。

《菜根谭》中有云："为恶而畏人知，恶中尤有善路。"就是说，一个人做了坏事，特别怕别人知道，内心很不安，这就叫"恶中尤有善路"，在做坏事的同时还是有善的根苗，虽然根苗可能没长大，没有成气候，但这种很微妙的善良的根脉就是希望所在。这句话后面还有一句："为善而急人知，善处即是恶根。"做好事当然是为善，但是为善时特别希望别人快点知道，这个善里面其实也存有恶的根苗。因为这个善不纯粹，有一种讨巧的成分。

概括说来，为人师长者应该充分了解孩子的状态，在教育中不但要关注发生了什么，还要探究具体的原因，同时关注事件中孩子的行为方式以及他们内心微妙的心理状态。只有把事情看得更丰富，更准确，更透彻，我们才有可能做出更正确的教育判断和更好的教育反馈，才会带给学生心灵层面更大的震撼，同时产生更好的教育效果。如果我们的教育停留在浅层次，没有深度，缺少真诚与洞察，我们就得不到孩子们的信服。

2. "举善而教不能"

为人师长者，都希望自己的学生能够主动学习，勤勉上进，然而现实总是令我们很苦恼：很多孩子都有一种为父母和老师而学习的心理状态，缺少上进心，一副乏力的样子。如果师长再要求得严一些，当亲子关系或师生关系紧张时，他们甚至会出现自暴自弃、破罐破摔的情况。面对这些问题，很多师长也的确是束手无策。

和大家分享一段《论语》中的对话，大家或许能从中获得一些灵感。

鲁国的权臣季康子和孔子有过一段问答。季康子问孔子："使民敬忠以劝，如之何？"孔子这样回答他："临之以庄，则敬。孝慈，则忠。举善而教不能，则劝。"

季康子希望知道用什么办法才能让老百姓恭敬、忠心、上进和勤勉。季康子希望百姓能够勤勉上进，这和我们对孩子的期待有相似之处。孔子的回答有两点值得注意：第一，百姓的状态和管理者本身的做法有关，因此我们可以做出这样的推理：学生的状态和师长的教育方式有关。第二，管理者如果能够做到"举善而教不能"，那么百姓就能够上进勤勉。

"举善而教不能"包含着两个方面的内容：一个是"举善"，一个是"教不能"。"举善"就是发现优点和正能量并去激励宣扬；而"教不能"则是指面对不足与弱点，不过分苛责，而是慢慢引领并教导。

和大家分享一个教育者大都熟知的经典案例，陶行知先生的四块糖的故事：

一个小男孩拿土块打了另外一个男孩，被陶先生发现了。他制止了他们，并让打人的孩子找他谈话。陶先生到了办公室以后，发现学生已经到了。于是陶先生说："给你一块糖，因为你很准时。"陶先生又说："我还要给你一块糖，为什么呢？因为我让你停，你就停了，那说明你很尊重我。你尊重老师，所以再给你一块糖。"陶先生又掏出第三颗糖，说："据了解，你打同学是因为他欺负女生，说明你有正义感。"这时那名男生已经泣不成声了。最后陶校长又掏出第四颗糖："你已经认错，我们的谈话也结束了。"

这是一个影响了几代教育者的经典案例。我们需要对案例进行深刻的思考：这个案例背后的教育原理是什么？这样的经典案例有没有可能再复制？或许我们永远不可能复制这个案例的具体细节，但可以也应该被复制的是这个案例背后的教育精髓。我认为，这个经典案例背后的教育精髓就是"举善而教不能"。

当这个男生站在陶行知先生的办公室时，他已经做好了被批评的准备。但是出乎意料的是，陶先生并没有针对他的错误大加批评，而是充满着温和与包容，这就是"教不能"；然后陶先生挖掘了他行为中的所有优点并用奖励糖的方式来表达对他的认可，于是他体会到了被尊重和被理解的幸福，这就是"举善"。因为陶先生的认可，男生的存在感和崇高感被激发。具有崇高感的人非常珍惜自己的羽毛，会具有反思的精神和勇于认错改错的行为，因为他们具备这样的自信与格局。于是这个男孩就认识到了自身存在的问题，而当他意识到自己的错误并开始改正的时候，陶先生自然也就不需要再去过多干预了。这是一个完美的教育过程，而陶先生也真不愧是一个伟大的教育者！试想，如果这个男生遇上了一个"按部就班"讲道理的老师，一切可能就是另外一个样子了。

孩子的生命状态跟他们的师长的智慧与格局有极大的关联，为人师长者不可不慎。事实上，我们现在的很多师长，尤其是部分家长普遍存在一些教育的误区，因为这些误区，孩子们的状态可能就不会很理想。

　　第一个教育误区是看不见孩子的优点。其实大多数时候，并不是家长认为自己的孩子没有优点，而是家长不习惯直接表达。他们会认为，优点不需要过分提及，以免孩子沾沾自喜；只有关注更多的弱点以及针对弱点进行调整和改进，孩子才能拥有更好的人生。这种思路导致我们对孩子的优点视而不见。在中国社会，父母师长对表扬晚辈一向是比较吝啬的，其实或许这并不符合孔子的想法。当然，现在我们向西方学习，提倡对孩子进行鼓励表扬，这是一个好的开端。但是现在的很多表扬水分太多，没有营养，对孩子也缺少真正触及内心的刺激，这同样是个问题。

　　第二个教育误区是容不得孩子的缺点。面对孩子的缺点，师长缺少包容与等待的意识，缺少引导与正确的示范，更多是带有急躁的情绪，甚至有些气急败坏，总是希望能够用一种快速的方法和捷径去让孩子改正缺点。

　　可怕的是，这两种教育误区往往又会并存于同一个人身上。当某些师长无视孩子的优点同时又容不得孩子的缺点，并超越孩子的能力范围去要求孩子的时候，孩子就很容易站在师长的对立面。师长希望孩子积极上进，精益求精，百尺竿头，更进一步，但是孩子往往会是自暴自弃、破罐破摔。因为孩子的心理状态往往是这样的：反正我不行，我怎么做也不对；我做了也没有用，他们是不会满意的。

于是问题就越来越严重，师长和孩子就进入了一个互相伤害的模式。这个模式的调整需要我们师长去做更多的努力，我们为人师长者确实应该深刻地理解 "举善而教不能" 的内涵并在我们的教育中去实践。

下面我想就实践操作层面分享一点我的思考与建议，希望对大家能够有所帮助。

先谈 "举善"，有三点值得我们注意：

第一，**我们要有真心称赞孩子的意识。**很多时候我们有一种心理惯性，好像总担心称赞多了，孩子会骄傲，于是我们便不愿意轻易夸孩子。事实上，我们应该摆脱这样的心理惯性，要实事求是，很客观地称赞孩子。因为每个人都需要被肯定，尤其是来自于身边最亲近的人的肯定，孩子尤其如此。

第二，**如果我们要真诚地称赞孩子，那么我们看待孩子的维度就必须多元。**因为每个人都有优点，但是却可能表现在不同的层面。很多家长真心地认为自己家的孩子一无是处，那是因为他们只关注少数几个维度，比如说学业、钢琴等等。但如果我们能够从多个角度去观察孩子，就会发现很多孩子其实都极其优秀。有的孩子学业一般，但是超级乐群，人缘极好；有的孩子数学不灵，但画画真是漂亮；有的孩子运动能力那叫一个棒等等。教书这么些年，我经常会对很多学生产生强烈的崇拜之情，他们在很多方面真的是太棒了！但有很多家长就特别喜欢反向行之：孩子好的方面永远不提，挑剔的眼光与话语像一把把冷冽的小飞刀直指孩子的弱点，让人痛彻心扉，心灰意冷。比如说孩子擅长做家务，那我们来谈谈学习成绩，你看别人家孩子……学业成绩好，是吧？那么咱们来谈谈自理能力，你看别人家孩子……其实别人家的孩子也没有那么优秀，可怕的是家长往往拿别人家孩子的优点来反衬自己家孩子的缺点，那孩子真的就手足无措、备受打击了。

第三，表扬与赞美要真诚有分量，不能如同我们前面所说的：不走心，没有营养，无法带给孩子真正的心灵冲击。如果家长的赞美很虚假，孩子的回应自然也虚假。**要想给孩子真诚而有分量的表扬，那就要认真地陪伴孩子，在陪伴的过程中用心去体会并感受孩子的方方面面，然后才会发现孩子身上那些连他们自己都未必知晓的优点和可爱之处。亲子之间，了解是爱的基础与前提。**

再谈谈"教不能"。当我们面对孩子的"不能"不生气、不焦躁，而是沉下心来去引领他们的时候，我们就在给孩子们传递一种态度：我没有放弃你，我会安安静静地陪着你，而且要把你带到一个更好的层面。这本身就会带给孩子一种温暖。

当孩子觉得父母和老师在关注自己，他们就会配合师长的教育。

慢慢地，在师生或亲子双方的共同努力下，孩子会有成长，他们就会体验到一些小小的成功和长进，这会带给他们一种成就感，于是他们就有可能慢慢走出过去的低迷。

《论语·子路》中孔子说过一句话："以不教民战，是谓弃之。"意思是说：对于老百姓你不训练他，不教育他，就让他去战斗，这就意味着你是要借敌人之手杀死他。因为外在的困难还有自身的弱点，大多数孩子的人生都会经历很多的挫折，都会有慌乱与迷茫。然而此时也是我们教育孩子的最佳契机，我们要引导孩子，使他们具有对抗困难和自我更新的能力。只有这样，他们离开我们并走向更加广阔的世界才会成为可能。

所以，当我们发现孩子有弱点的时候，第一反应是要教他，是要慢慢地帮他，而不应该过分地苛责、批评却没有任何补救措施，那样孩子只能一次又一次地体验到更加严重的失败感，最后肯定会自暴自弃。

以上就是我们共同分析的一个教育困局。当然关于如何激发孩子的上进心会有很多的路径和方法，但是"举善而教不能"无疑是一个对我们很有启发的思路。面对孩子，发现他们的优点并给予认可，面对他们的弱点，能够心平气和地去陪伴他们慢慢改进，一切都会越来越好。

3. 启发教育与举一反三

　　不管是师生交流还是亲子交流，我们都会碰到交流不通畅的时候。我们该如何让交流变得通畅自然呢？就个人的经验来说，两个要素很重要：一个是师长的同理心。这份同理心和真挚的情感状态，可能是提升我们与孩子沟通质量的一个重要因素。第二个就是，我们要学会抓取或者创造特别好的交流契机。下面我重点分享第二个要素。

　　事实上，中国古人是很重视交流契机的抓取与创造的。比如佛教在讨论或者传授佛理的时候就很注重这一点，尤其是禅宗。举一个通俗浅显的例子：

　　古时候一个学佛的人，听说某个寺庙里有位道法高深的老禅师，便去拜访。起初是老禅师的徒弟在接待他，他觉得禅师对他不够尊重，心中有些不满。老禅师看出了他的情绪，亲自接待了他并为他沏茶。在倒水时，明明杯子已经满了，可老禅师还是不停地倒，水便开始溢出。他不解地问："大师，杯子已经满了，为什么还倒水？"大师说："是啊，杯子已满了，还怎么倒水呢？"

我想大家应该体会到禅师的言外之意了：杯子是个比喻，一个人充满了太多自我的念头，不能将心空下来，就不能接纳外部的知识和理念。禅师创造了一个契机，用一个比喻让那个学佛的人如临当头棒喝，受到了更强烈的情感冲击，于是就会取得更好的交流效果。

孔子也很强调交流契机的抓取，他认为在交流契机没有来临的时候，交流很难达到理想的效果。

子曰："不愤不启，不悱不发。举一隅不以三隅反，则不复也。"

意思是说："当学生苦苦思索没有答案的时候，我们可以给他们开启一点小小的思路；当学生们思考问题有了粗略的答案但是不能准确表达的时候，我们再给他们一点提醒，我们讲一个知识，如果孩子们不能（积极主动地）找出几个例子，那么我们就没有必要再讲新的知识了（讲了也没什么用，因为学生们没有主动的求知愿望）。"

在孔子这句话中有两个我们很熟悉的词语：启发和举一反三。今天我们就重点解读原文中的八个字：不愤不启，不悱不发。深度了解一下"启发"的内涵。"愤"这个字，南宋理学家朱熹的注解是：心求通而未得。就是指一个人内心很渴望明白一件事，但就是搞不清楚，我们可以想象这是一种怎样急切的情感状态。那"悱"又是何意呢？朱熹的解释是"口欲言而未能"。就是说一个人内心已经想清楚了，但是却无法表达清楚。所以说"愤"和"悱"就是两种思维状态，也是因思维状态而带来的一种带点急切的情感状态。

孔子认为，在教育学生的时候要选择恰当的时机。当学生真心想去追求一个问题的答案，苦苦思索，不得其解的时候，老师可以给他们一个指点，或许只是一个小小的指点，此时学生可能就会有一种豁然开朗的感觉。如同在黑暗中呆久了的人，容易对光线非常敏感，一点微弱的光线就会带给他们强烈的刺激。这就是所谓的"启"，给在黑屋子里的人开启一道门缝，他们立刻就会奔向光明的方向。但如果学生没有经历一个苦苦思索的过程，如同于在黑暗中寻找出路的那样一种煎熬，他们就不会渴望光明，就不会珍惜来自外界的指点，因为他们没有对比，没有感觉。

所以说，在学生苦苦思索而无解的时候，我们给他们一个小小的线索，他们就会迅速聚焦线索，然后取得很好的收获，这样一种感觉对于师生双方都特别过瘾，特别痛快。

一般说来，当学生因为外在的人和事而产生情绪的大起大落时，容易产生"愤"的情感状态。因为情绪大起大落的背后就是他们对于所经历的事情思考不清楚。所以此时我们为人师长者要敏感，要抓住交流的契机，因为这时我们的沟通可能会有比较好的效果，我们的话可能如甘霖，孩子们的状态如大旱之地，久旱逢甘霖，清泉流过干涸的土地，这画面是何等的令人畅快。

具体说来，孩子们情绪的起落又可以细分几种情况。最常见的就是悲伤和失落。比如考试失利，和好朋友发生矛盾，期待落空等等。

有一次，学校原定开运动会，早上出门时我发现天空落雨了，运动会应该是开不成了。我进而意识到，我需要做些什么来抚慰学生受伤的小心灵。于是，我召集了一次校会，和全体同学做了一个分享，主题就叫做：人生对话——在一个落雨的午后。

我分享的第一个观点是：对于那些突如其来的意外与不顺，我们首先是要接受并顺其自然。

今天只是因为天气而耽误了运动会而已，其实人生中可能还会有更多的不顺发生。对于生命中突如其来的不顺，我们首先要接受并顺其自然。我跟学生们分享了三句话：

第一句话是英国的一句谚语：不要为打翻的牛奶哭泣。

第二句话是泰戈尔的一句名言：如果你因为错过太阳而哭泣，那么你将错过漫天的繁星。

第三句话来自中国的哲学家庄子：知其不可奈何而安之若命，德之至也。当我们无力左右一件事情时，我们就应该安之若命，或者安之若素。因为它就是一种本来的安排，不以你我的意志为转移，我们需要去接受它，这是一种很极致的达观。

如果在平日无事的时候和学生讲这些话，他们会觉得这些文字很陌生，很遥远，他们并不会走心，甚至会觉得我们老师有点矫情。但此时此刻，他们会觉得这些文字有温度，有道理。这些话能够让他们意识到：他们所面临的痛苦并不罕见，从某种意义上说，甚至是人生的常态，所以我们的先辈才会有这么多的经验，还是他们太年轻，经历的太少而已。于是，他们就能借助前辈的智慧让自己的情绪慢慢平复下来。

我分享的第二个观点是：面对这些突如其来的事件，我们需要奋发有为。

对于那些突如其来的事情，我们首先是选择接受，但是这并不代表我们没有对这个问题进行干预的能力。孟子说过一句话："莫非命也，顺受其正。是故知命者不立乎岩墙之下。"

孟子认为，这个世界上确实有一些所谓的命运，有很多不以你我意志为转移的安排。但是我们要"顺受其正"，我们要做好自己该做的，接受正常的命运。"知命者不立乎岩墙之下"，意思是说，如果这石墙马上就要倒了，一个人非得站在那里，最后被石墙给砸死了，这似乎并不是所谓的命运。

我们需要把我们能做的都做好，然后才去接受那些我们无法干预的安排，或者说去接受造化给予我们的戏弄。面对这个世界，我们并不是完全无能为力的。**或许，人生的本质原本就是带着镣铐的舞蹈，甚至还无法选择舞台，但毕竟，我们还是能够努力地去跳我们想跳的舞蹈。**

在那个落雨的午后，我和学生分享了很多，学生们听得很认真，眼睛很亮。事实上，他们当中的很多人在毕业离开校园的时候都还记得我们之间的人生对话，当他们失落的时候，我们合宜的语言变成了良药，让他们清醒，使他们的负面情绪得到了消解，让他们觉得释然，变得达观。虽然他们开玩笑叫我"鸡汤校长"，但我知道这鸡汤还是有营养的，他们还是愿意喝点的。

再和大家分享一个我印象深刻的例子。

初三年级的学生参加体育中考，前面三次都因为天气原因没考成，第三次学生都已经进场了，又因为大风而取消了，学生都无奈得快要崩溃了。在回学校的大巴车上我就在想，回到学校，我需要把学生们集合起来说点什么。

我的开场出乎他们的意料。

我说："大家都知道唐代大诗人李白，字太白，为什么呢？因为他出生的时候，他妈妈梦到太白金星扑到她的肚子里，所以很多人就说李白是太白金星转世。明代著名的哲学家王阳明，起初名叫王云。

因为他出生时，他奶奶梦见有一个仙人，站在云端抱着一个孩子给王家送过来了，所以给孩子起名叫王云。王阳明到了五岁还不会说话。这时候家中来了一个和尚，抚摸着王阳明的头说："好孩儿，可惜道破。"意思是说，孩子真好，可惜泄漏了天机。于是王阳明的爷爷给他改名为王守仁。名字来源于《论语·卫灵公》中的一句话"知及之，仁不能守之；虽得之，必失之"。于是阳明先生就能够开口说话了。这些都是有文字记载的。其实这样的故事很多，比如史书中记载，有很多皇帝出生的时候都有不寻常的征兆或者异象。你们说这些是不是真的？

学生们众说纷纭，莫衷一是。

我和学生们谈了我的看法。我并不认为这些不平凡的细节是确实存在的。我更愿意相信是因为这些伟大人物的不平凡，于是后人就去附会了很多具有神奇色彩的细节。因为我们愿意相信，这些伟大而杰出的人物要有一些神奇的境遇，这样故事才够精彩。

然后我话锋一转，将话题带回到了眼前：同样的道理，你们因为大风导致体育中考三次都没能考，这是一个确定的事实。但这样的事实将来是否会被人们记住，又会被大家如何解读，则要看你们未来的成就了。如果你们未来将自己打造成了传奇，成为了学校历史上最出色的一届校友，那么今天的这些波折也许就变成了传奇的

一部分。大家或许会说："风虎云龙，早就看出这届学生不凡！"
但如果你们的未来很平淡，眼前的一切也就是很平常的事情了。当
我们成为了英雄与偶像，我们所经历的一切都会被蒙上一层神秘的
色彩。最后，我说："我特别希望我们所经历的这些不寻常的事情，
能够成为我们传奇的一部分，我祝福大家！"那一刻，学生们的眼
神是炽热而闪亮的，学生们的心是沉静的。我达成了我的教育目的。

和大家分享这两个例子是想表明：当孩子悲伤和失落时，我们
可以抓住契机和他们进行有效的沟通。

当然，我们还需要知道，当孩子处于超级喜悦的情绪状态时，
这也是一个值得注意的教育契机。学生喜悦的时候往往会是他们取
得成功的时候。**人在取得成功拥有自信的时候，是最容易接受批评的。
至少不会过分抗拒这个批评。**

还有一个时间节点是值得大家注意的，那就是在大考和大赛的
前后。孩子们容易患得患失，从而产生情绪上的起伏，或者是过分
紧张，或者面对不好的结果会过分失落等等。所以，此时会是沟通
交流的一个契机。相较于平时，所有的孩子在考试之前都比较用心，
哪怕是临时抱佛脚。这时候我们很平和地给他们一些学法指导，他
们都能听得进去。

古人云：每临大事有静气。我们希望孩子们有静气，当然我们

本身也要有静气，在和孩子交流时，我们应该具有一种长者的生命厚度。如果我们本身比孩子还要焦躁，还要偏执，那么交流就不会有好的结果。但相反，如果我们表现出了和我们的生命相匹配的平和与睿智，我们就会给孩子们带来很大的震撼。

当年我参加高考的时候考得不好，我的一个同学考得也不好，看完分数后同病相怜的我们一起到他家里去，他父亲问了我们俩的成绩，然后说："你俩出去玩会吧，别忘了晚上早点回来吃晚饭。"同学父亲那种淡定的神情，我今生难忘。真的太爷们了！在那一刻，他作为一个父亲，一个男人，给予我们后辈的那种包容，让我感动，也让我觉得安全。的确，高考的失利并不意味着彻底的绝望，天塌不下来，他展示出了一个值得敬佩的生命格局。直到现在，那个伯父在我的心目中形象都很高大，他是我的榜样，是我效仿的对象。

4. 爱与天地同在

我们做父母老师的，都想培养德才兼备的孩子。

《论语》中有一句话，子曰："弟子入则孝，出则弟，谨而信，泛爱众，而亲仁。行有余力，则以学文。"

大意是说："一个孩子在家里孝顺，在外面尊重兄长和长辈，严谨而有诚信，能够更多地爱身边的人，同时能够去亲近那些有仁德的人。如果这些都能做好，还有剩余的精力，那么就去学习具体的文化知识好了。"

这句话对后世的影响在于它表明了一个基本观点：一个人在学习过程中应该是先学习关乎做人的道理，再去学习具体的文化知识，或者说再学做事。孔子把做人和做事排了一个先后顺序，即先做人后做事。或者说在品德与技能之间也做了一个排序，首先是看重品德，其次才是具体的技能。

我们活在这个世界上，一定要面对两个问题：一是要处理和人的关系；二是要处理人和外在自然界的关系。前者更多的表现为人文和品德，即做人；后者更多地表现为科技和能力，即做事。

这两个方面对于人类的生存和发展都至关重要，尤其是人与人关系的处理。我们人类之所以能够站在食物链的最高端，就是因为我们能够凝聚更多的同类去面对其他的生物群，去面对自然。如果人类四分五裂，人类社会在面对外部自然界的时候就会缺乏力量，也无力应对人类可能面临的各种挑战。

传统中国是农耕社会，人改造自然的能力相对偏弱。所以我们选择家族聚居，重视宗法伦理，我们把人与人之间的相处，各种各样的伦理关系看得非常重要。因为只有每个人都能够处理好这样的一种伦理关系，我们才能形成一个强大的整体，去面对外部自然界所给予的各种各样的挑战。否则，我们就很难延续并发展我们的文明。

随着历史与文明的延续，原本基于现实的选择逐渐变成了一个道德层面的价值判断。中国人开始崇尚"敬天法祖"，我们会把宗法伦理上升为我们所敬畏的上天对我们的一种要求，理解为上天的意志或者是一种天理。最初是基于现实考量的一种伦理秩序逐渐演变成道德规范，具有了神圣与崇高的意味。

在中国漫长的农耕时代里，读书人学习的重点全在伦理道德层面，至于具体的技能，也可以学，但那永远不是重点。关于技能层面的知识，孔子的学生子夏的话很有代表性。他说："虽小道，必有可观者焉，致远恐泥，是以君子不为也。"木工、种菜这些具体的技能属于"小道"，也可以做，但是"致远恐泥"，就是说你想走得更远可能就未必如愿了。

当工业时代来临，人类改造自然的能力突飞猛进地增长。技术和物质的力量带给人类一种强烈的刺激并开始慢慢地占据了上风。人类不再像过去那样看重伦理道德与精神世界，而是更加看重现实世界。相对于信仰，人们更相信自己的力量，传统的道德与传统的信仰体系开始出现裂痕。

当我们过分关注经济的发展，看重技术的进步，却忽视伦理道德和精神世界的建构，每个生命个体都毫无敬畏之心地追逐自己利益最大化的时候，社会整体就会出现混乱与无序。很多对于底线的突破就会在所难免，比如说假冒伪劣、环境污染等一系列的问题，这些都在西方社会发展的过程中出现过，在我们中国当代社会也是较为普遍。

同时，当道德和精神世界被忽视，人类个体的生命感受也会出现系列问题，我们的内心可能会缺乏温暖。人生活在世界上不能仅仅靠技术和物质来满足自己，作为有智慧的生命，我们同样渴望情感层面的抚慰与温暖。当精神世界开始贫瘠，人与人之间开始用物质和能力来衡量一切的时候，温暖的缺失就成了必然；再者，当我们的精神世界开始荒凉，我们在某些时候可能会失去我们做人的崇高感，而那是我们自信地立于天地之间的力量源泉。

我们是人类，我们骄傲地称呼自己为万物之灵，但是人类的伟大不能仅仅停留于能力层面，更应该体现为我们逐渐累积的文明以及用文明慢慢熏陶出的人类独有的高贵。而当我们忽略这些常识，我们的信仰开始淡漠甚至崩塌，人类独有的高贵就慢慢地被消解，我们的崇高感也就慢慢地消失了，我们便很难再拥有一种与生俱来的自信与从容。

一言以蔽之，道德关乎人类的生存质量，也关乎人类的精神尊严。这也就要求我们在微观的教育领域，首先要求孩子学会做人，再谈能力和做事。先要学会处理和身边各种各样的人的关系，保有孝悌之心，能够亲近有仁德的人，然后才是具体知识的学习。

我们应该如何培养孩子良好的道德水平呢？毕竟，和具体的技能相比，道德显得空泛，而且也不易被准确评价。下面就这个问题和大家分享一点我的思考与实践。

首先，我们一定要注重外在的规矩，尤其是在孩子年幼时。

人生像一道很复杂的数学题。我们需要学习如何和父母相处，如何和身边的兄弟姐妹相处，如何和同学相处等等，对于这样一些关系的处理，我们已经有了相对稳定的原则，但是对于孩子们而言，这些文明规则太过于抽象，很难理解。毕竟，这些规则是人类在漫长的历史发展中逐渐形成的，相对于这漫长的历史，孩子们还太过年轻，他们很难理解这些文明规则背后的具体内涵。

但人生又和复杂的数学题不同。如果只是一道数学题不会，那么我们可以跳过去，甚至我们可以不去理会。但是人生不同，我们必须面对，人生是一道必考的题，如果你不懂，那就将答案先背下来，然后再慢慢体会吧。

所以中国传统启蒙教育的一个重要特点是：师长和孩子讲道理比较少，更多的时候，师长们只是简单直接地告诉年幼的孩子们：你们需要做什么，如何做，标准是什么。

比如说，我们希望我们的孩子懂"孝悌"，"孝悌"是一种品质，无法外现，孩子也无从明白。朱熹写过《童蒙须知》，给孩子解释了到底什么是"孝悌"。后来到清代的李毓秀就更加细化了，于是有了《弟子规》。比如说，什么是"孝"？一点都不抽象，就是一些非常具体的行为："父母呼，应勿缓；父母命，行勿懒；父母教，须敬听；父母责，须顺承；冬则温，夏则清；晨则省，昏则定……"这些具体的可操作行为就是孝顺。

很多学者认为《弟子规》中的一些内容在今天这个时代很值得商榷。但我想，传统童蒙教育由外到内的思路，对今天的教育是具有启发意义的。在童蒙阶段，**我们首先关注孩子外在行为的改变，在外在行为养成了习惯的基础上，再让孩子慢慢体会这些行为习惯背后的伦理内涵。**

在中国古代，孩子小的时候所要做的事情就是"洒扫应对"，就是简单的家务劳动和礼仪教育。随着年龄的增长，孩子们才会去学习一些儒家的经典，去体会经典中的义理，去领悟那些规范背后的深沉与庄严。并不是师长故意压抑孩子，不去晓之以情，动之以理，而是以孩子的人生阅历，他们根本就理解不了这些情理，所以，师长们就把教育的重心放在了行为的落实上。

其次，**随着孩子年龄的增长和思维水平的提升，道德教育的重点在于激发孩子内心最真实的情感。**

外在的规矩不过是一个形式，形式的背后是庄严而深沉的情感，也正是情感，能给个体以慰藉，给整体以凝聚。所以随着孩子阅历的增加和思维能力的提升，我们就不能将教育的重点仅仅停留在形式层面，而是需要慢慢告诉他们这些规矩规范背后的内涵，要激发他们内在的真实的情感。如果孩子不能理解并认同形式背后的情感，这个形式就虚浮了。当一个外在的规矩变得虚浮的时候，它被突破就是早晚的事了。

激发孩子内心真实情感的关键则在于我们应该尊重孩子的心理状态与理解能力，要循序渐进，不能急于求成。

孩子接受教育的过程就是一个社会化的过程，这个过程是必要的甚至是必须的，但是这个过程也是带有痛苦与纠结的。毕竟我们的规矩是一代代积累而成，孩子的理解与接受需要一段时间。**我们要包容孩子的天性，要尊重孩子生命本身的鲜活，不能超越他们的年龄特点去提要求，一切都要自然而然。**

如果一味强求，把成年人心中合理的东西，不按时间节点，简单而粗暴地强加给孩子，我们就容易培养出很多善于逢迎的孩子，表面上特别规矩，但事实上这个规矩是不靠谱的。这个规矩是外在的威逼利诱促成的，缺少一种发自内心的认同。我们所获取的教育效果就是虚假繁荣，经不住时光的检验。

教育的真正意义在于孩子的成长，而绝不在于师长们实现了自己的构想与安排。更何况，很多时候，师长们的构想与安排是那么地自我，那么地一厢情愿。当师长沉浸在自己的生命感受里，忽视了孩子的感受时，教育就往往带有些许驯兽的痕迹，师生之间的关系便呈现出了隐性的对抗。在孩子完全没有反抗能力的时候，他们就变成了任人摆布的奴隶和玩偶；而当他们具有反抗能力的时候，他们又很容易变成肆意发泄的暴徒，而不是理性的改良者。**要么是奴隶，要么是暴徒，这样的怪圈不应该是教育的逻辑。我们必须尊重孩子的独立人格，我们和孩子是并肩作战的战友，毕竟，真正的道德养成一定是建立在自由选择的基础之上。**

关于道德教育，我提到了要关注规矩和规范，也提到了要关注孩子的内心感受，要尊重学生的独立人格，而两者似乎又是稍微对立的。那么我们到底应该如何处理这一问题呢？

我想，**问题的关键在于我们要了解孩子的年龄阶段与具体的身心发育特点，我们要通过随时随地的反思保持自己的相对清醒，这样我们就会拥有做出判断与调整的能力。**

很喜欢哲学家培根的一句话："读书不是为了雄辩和驳斥，也不是为了轻信和盲从，而是为了思考和权衡。"只要我们思考过，权衡过了，结果应该就不会太差。更何况，一个生命又如何能够被一个具体的选择彻底决定。

再次，道德养成要抓住根本，讲究顺序。

《论语·学而》中，孔子的学生有若说过一段话："君子务本，本立而道生。孝弟也者，其为仁之本与。"

意思是说，君子在根本的地方发力。根本立住了，大道就能够呈现并发挥作用。孝顺父母，爱护兄弟就是这样的根本吧。

儒家认为，道德教育需要抓住根本。这个根本不需要被证明，人人都知道它的存在而不加怀疑。这个根本就是道德生发的起点，也是前提和基础。在中国文化里，这个根本就是亲子之间最直接的那样一种简单而炽热的情感。没有人会去询问一个母亲爱孩子的原因。因为，这份爱随天地而来，与天地同在，不需要原因。

我们再来看孟子说过的一句话："君子亲亲而仁民，仁民而爱物。"

大意是说，一个君子首先是爱自己的双亲，然后是对身边的人有仁爱之心，再然后是对世间的人以外的事物都很爱护。一个人首先要爱自己的父母子女，然后慢慢地推演到爱人类以及更大的世界。

孟子还说过："老吾老以及人之老，幼吾幼以及人之幼。"

一个人爱自己的老人，然后爱别人的老人；爱护自己的孩子，然后爱护别人的孩子。因为我爱我的父母，我爱我的孩子，所以我也需要爱身边的其他人，因为他们也是别人的父母和孩子，也只有如此，别人也才会去关爱我们的父母子女。就这样，中国文化用一种同理心来解决了这样一种从爱亲人到爱陌生人的推演。

所以说，亲子关系的温暖非常重要，它是一切道德生发的基础，如果这个基础有裂痕，那么建立在这个基础上的道德就会不牢固，缺少真诚与厚重，经不起考验。因此，我们要构建温暖的亲子关系，营造温馨的家庭情感氛围，让孩子真正地体会到与父母以及四老之间那种纯粹而炽热的情感，这才是父母最重要的任务，这也是孩子能够保持内心的安全感，保持一颗善良的心的最重要的前提。希望所有的父母能够努力，为孩子，为自己，也为这个社会的美好。

5. 苏霍姆林斯基的教育艺术

　　好的教育就是要抓住教育的契机展开交流，但很多时候，契机是转瞬即逝的，所以，**有经验的教育者往往会创造出一系列的契机，从而实现有效的交流和教育。**从这个意义上讲，优秀的教育者也是一个伟大的艺术家，他们的教育过程充满着独特的灵感与创造性。苏霍姆林斯基就是这样一位伟大的教育家和艺术家。和大家分享几个他的教育案例，或许可以带给我们一些启发和借鉴。

　　苏霍姆林斯基有几个学生内心很麻木很冷漠，他试了很多办法也未能使那几颗冷冰冰的心变热。于是他带着孩子们去养老院，在那里，他和学生看到了很多老人，有了下面的一番对话：

　　"他们病了吗？"

　　"不，不是病。他们老了，太老了。暮年，就是最无情的疾病。有了这种病是不会恢复健康的。加上他们孤独……没有亲人……"

"就是说，他们在这里活着……在这里活着只是为了……"最难教育、最冷漠的男孩彼得罗说。他只是说出一点儿心里话，脸色便苍白了，再也无力去说出在那一瞬间使他大为震惊的那些感受。我接着他的话茬说：

"……只是为了去死。他们整个悲惨的处境，就在于他们知道：别人把我们送到这里来，是让我们死在这里……"

"不……这怎么行呢？"吃惊的彼得罗说，"怎么会出现这种情况呢？"

苏霍姆林斯基接下来没有描述具体的情景，但我想，改变肯定会慢慢发生。苏霍姆林斯基说："我并不担心在孩子们面前展现出人生活的忧郁的一面，这些是你在其他任何一处也找不到的。"他的话对于我们的教育有很大的启发，**其实教育的契机是无处不在的，我们可以抓取，也可以创造，只要我们在真实的世界里去认真地思考，一切都不会是问题。**

再来看一个苏霍姆林斯基的教育案例吧，太精彩了：

有一次，我同孩子们一起走到一个老池塘边。我对孩子们讲："在我还是小孩子的时候，这么说吧，我当时就像你米什科这么大，那时候这里的池塘可深咧。哦，这里还长着一棵高大的橡树……"

"难道您当时就是我这么大的孩子吗？"吃惊的米什科问道，"可您是位老人，头发已经斑白了呀！"

"那是从前……在这里我洗过澡，在这个树根下捉过鱼虾……"

"那个男孩子到哪里去了呢？"瓦莉娅一边问，一边拉着我的手。瓦莉娅、米什科，还有其他的孩子们都在吃惊地看着我。真的，那个男孩子到哪里去了呢？是啊，他们也会长大成人的……这些小孩子都到哪里去了呢？

接下来，苏霍姆林斯基有一段反思与感慨：

孩子对这些问题思考得越早，他们就会越珍惜人的价值和个人的幸福，从而更好地去生活，去劳动，他们就会有更多的思考与感受。决不能使孩子免受生活逻辑本身带来的那种不可避免的撞击，而应该让他们接受撞击并激起他们对自己生活的思考。

其实，寻常的生活场景都可以成为深沉的哲学思考的发源地，只要我们去有意识地创设，或者说我们能够关注孩子在现实世界里的一些反应，然后顺势而为之，事情就变得简单了。

因此，我们需要将孩子们带到一个真实而丰富的世界里，而不能把他们封闭在一个只有文字、考试和分数的世界里面。当代的很多教育为什么充斥着无力感，问题的关键就在这里，有很多的教育不丰富、不真实、不自然，评价标准过于单一，人为地窄化了孩子们的生活。在一个单一的世界里，教育行为就会变得机械而沉闷，鲜活的生命就不容易被唤醒、被点燃，因此孩子们就会丧失灵性，死气沉沉。

其实跳脱出来思考，上面提及的很多负面的教育现象和当代的教育体系有关。当代的教育更多是普及层面的大众教育，我们强调教学标准，有教学流程，关注进度，这样的教育可以尽快地将一个民族从较低层面的文化水平提升上来，并保证人才能够初步满足工业化时代的需要。但是，这样的教育模式就很难培养出大批量的精英或创新型的人才，反而会扼杀创新型的人才。**真正大批量的创新型人才的培养需要我们将丰富真实的世界呈现给孩子们，尊重他们的困惑与疑问，及时地引领，为他们的学习与思考创造更好的土壤。**

时代在变化，我们的教育也需要在传承的基础上去创新。

推荐阅读:

1.《孔子家语》: 王国轩、王秀梅译注 中华书局 2014 年

2.《陶行知的教育思想》: 何丹 吉林文史出版社 2014 年

3.《中国教育路在何方: 顾明远教育漫谈》: 顾明远 人民教育出版社 2016 年

4.《跟孔子学当老师》: 周勇 华东师范大学出版社 2008 年

5.《不跪着教书》: 吴非 中国人民大学出版社 2015 年

6.《给教师的 100 条新建议》: 郑杰 中国人民大学出版社 2016 年

7.《给教师的一百条建议》: 苏霍姆林斯基(苏) 教育科学出版社 1984 年

后 记

我尊重传统，喜欢教育。所以我力图温传统之故，解教育之忧。现在书稿基本完成，也算是个尝试，固然辛苦，但更开心。

在此想感谢很多人。

感谢我的父母家人，拥有他们的爱是我的造化。

感谢顾明远先生审阅书稿并作序，这是我极大的荣幸。

感谢读高中时的曹佃蕾老师和朱孔京老师，他们对我有很深刻的影响，不仅仅是知识层面。

感谢我的导师金泽教授和卢国龙教授，他们给了我很多思考问题的维度，对我温和而包容。我会继续努力，只求不因太过无知而辱没师门。

感谢刘瑜校长、刘长铭校长、夏洁校长和王伟博士，他们是我教育职业生涯中的贵人，因为他们，我开始理解教育并热爱教育。

感谢和我一起讨论问题的年轻同事，马琛老师、孙秀林老师、王硕椰老师、王艺涵老师。尤其是马琛老师，她帮我整理了大量的文字材料，很是辛苦。

最后要感谢祝安顺老师和司丽丽老师，是他们的信任、包容以及付出，让这本浅薄的书稿问世。一部书稿，从接近13万字到现在的7万字左右，起初心中五味杂陈，现在心静如水。祝老师有一句很平实的话，是我改稿过程中最大的一个收获。他说："你要让你的文字经得住时间的检验。"白纸黑字，要经得住推敲，或许我一直是懂的，但现在我更懂了。做学问，要质朴踏实。对于中华书局，对于很多前辈学人，我有了更加深刻的理解与认同。我又想起了卢国龙老师对我的批评："你的底子太薄，要踏踏实实多读点书。"也分外感恩每次和金泽老师聊天时他对我的鼓励和包容，那真的是包容。

所有的感谢都会化为动力。我会多读书，多思考，提升自己，然后更好地做教育，爱学生，那是我安身立命的方式，也是我对所有爱我的人最好的报答。

附 录

\\\\\\\\\\\\\\\\\\\\\\\\\\\\\\\\

语出经典

1. 昔孟母，择邻处，子不学，断机杼。窦燕山，有义方，教五子，
   名俱扬。养不教，父之过，教不严，师之惰。

   （《三字经》）

2. 心诚求之，虽不中，不远矣。未有学养子而后嫁者也。

   （《大学》）

3. 其身正，不令而行；其身不正，虽令不从。

   （《论语·子路》）

4. 君子之德风，小人之德草。草上之风，必偃。

   （《论语·颜渊》）

5. 喜怒哀乐之未发，谓之中；发而皆中节，谓之和。（《中庸》）

6. 不迁怒，不贰过。　　　　　　　　　　（《论语·雍也》）

7. 伐柯伐柯，其则不远。　　　　　（《诗经·伐柯》）

8. 己所不欲，勿施于人。　　　　　（《论语·卫灵公》）

9. 己欲立而立人，己欲达而达人。　（《论语·雍也》）

10. 老吾老，以及人之老；幼吾幼，以及人之幼。

（《孟子·梁惠王》）

11. 绘事后素。　　　　　　　　　　（《论语·八佾》）

12. 天地不仁，以万物为刍狗；圣人不仁，以百姓为刍狗。

（《道德经》）

13. 圣人无常心，以百姓心为心。　　（《道德经》）

14. 孟武伯问孝。子曰："父母唯其疾之忧。"子游问孝。子曰："今
之孝者，是谓能养。至于犬马，皆能有养。不敬，何以别乎？"
子夏问孝。子曰："色难。有事，弟子服其劳；有酒食，先生馔，
曾是以为孝乎？"　　　　　　　　（《论语·为政》

15. 功成事遂，百姓皆谓我自然。　　（《道德经》）

16. 先立乎其大者，则其小者不能夺也。（《孟子·告子上》）

17. 蒙以养正，圣功也。　　　　　　（《周易·蒙卦》）

18. 问舍求田，原无大志，掀天揭地，方是奇才。

（《幼学琼林》）

19. 钱财如粪土，仁义值千金。　　　（《增广贤文》）

20. 平生不做皱眉事，世上应无切齿人。　　（《增广贤文》）

21. 匹夫见辱，拔剑而起，挺身而斗，此不足为勇也。天下有大
　　勇者，卒然临之而不惊，无故加之而不怒。此其所挟持者甚大，
　　而其志甚远也。　　　　　　　　　　　　　（《留侯论》）

22. 天行健，君子以自强不息。　　　　　　（《周易·乾卦》）

23. 地势坤，君子以厚德载物。　　　　　　（《周易·坤卦》）

24. 非淡泊无以明志，非宁静无以致远。　　　（《诫子书》）

25. 吾欲汝曹闻人过失，如闻父母之名：耳可得闻，口不可得言也。

　　　　　　　　　　　　　　　　（《后汉书·马援列传）

26. 古者易子而教之，父子之间不责善。责善则离，离则不祥莫
　　大焉。　　　　　　　　　　　　　　　（《孟子·离娄上》）

27. 士志于道，而耻恶衣恶食者未足与议也。

　　　　　　　　　　　　　　　　　　（《论语·里仁》）

28. 且夫水之积也不厚，则其负大舟也无力……风之积也不厚，
　　则其负大翼也无力。　　　　　　　　　（《庄子·逍遥游》）

29. 视其所以，观其所由，察其所安，人焉廋哉？人焉廋哉？

　　　　　　　　　　　　　　　　　　（《论语·为政》）

30. 季康子问：“使民敬忠以劝，如之何？”子曰：“临之
　　以庄，则敬。孝慈，则忠。举善而教不能，则劝。

　　　　　　　　　　　　　　　　　　（《论语·为政》）

31. 以不教民战，是谓弃之。　　　　（《论语·子路》）

32. 不愤不启，不悱不发。举一隅不以三隅反，则不复也。

（《论语·述而》）

33. 知其不可奈何而安之若命，德之至也。

（《庄子·人间世》）

34. 莫非命也，顺受其正。是故知命者不立乎岩墙之下。

（《孟子·尽心上》）

35. 知及之，仁不能守之；虽得之，必失之。

（《论语·卫灵公》）

36. 弟子入则孝，出则弟，谨而信，泛爱众，而亲仁。行有余力，
则以学文。　　　　　　　　（《论语·学而》）

37. 虽小道，必有可观者焉，致远恐泥，是以君子不为也。

（《论语·子张》）

38. 父母呼，应勿缓；父母命，行勿懒；父母教，须敬听；父母责，
须顺承；冬则温，夏则清；晨则省，昏则定。

（《弟子规》）

39. 君子务本，本立而道生。孝弟也者，其为仁之本与。

（《论语·学而》）

40. 君子亲亲而仁民，仁民而爱物。　　（《孟子·尽心上》）